Sprachkurs Englisch – schnell aufgefrischt

Sprint!

Sprachkurs Englisch – schnell aufgefrischt

Von Irmgard von Gienanth und Dagmar Vale

humboldt

Sprachen

humboldt-Taschenbuch 1098

Die Autorinnen:
Irmgard von Gienanth sammelte Erfahrungen als Lehrerin für
Englisch und Deutsch in Asien und Lateinamerika. Seit 1975 ist sie
in der Lehrerfortbildung tätig und gibt suggestopädische Sprach-
kurse (Superlearning) und Methodikseminare für Lehrer der VHS
und Industrie.
Dagmar Vale arbeitete als Sprachlehrerin für Deutsch und Englisch
in Lateinamerika, Asien und Afrika. Sie lebt und arbeitet jetzt in
Südspanien.

Idee und Konzeption: Irmgard von Gienanth

Umwelthinweis: gedruckt auf chlorfrei gebleichtem Papier

Umschlaggestaltung: Wolf Brannasky, München
Zeichnungen im Innenteil: Michael Hüter, Bochum
Lektorat: Ilona Lehnert-Adler

© 1997 by Humboldt Taschenbuchverlag Jacobi KG, München
Druck: Digital Color, Garching
Printed in Germany
ISBN 3–581–67098–4

Sprint! ist kein gewöhnlicher Sprachkurs – **Sprint!** ist eine **unterhaltsame Lerngeschichte,** mit der Sie Ihre Englischkenntnisse in kurzer Zeit gezielt und effektiv auffrischen können und dabei **Mut, Spaß und Lust zum und am Sprechen** bekommen.

Die Grundkenntnisse der englischen Sprache sind in eine spannende, kurzweilige Lerngeschichte verpackt. Sie handelt von einem jungen deutschen Mann, der sich auf einer Geschäftsreise nach London befindet, dabei einige übliche, jedoch auch ein paar überraschende Situationen erlebt ...

Die Geschichte – Sie finden sie jeweils auf den <u>rechten</u> Seiten des Buches – ist in Dialogform geschrieben. Die Fragen, Antworten und Aussagen können also gleich in entsprechenden Situationen angewandt werden. Die parallel laufende deutsche Übersetzung dient lediglich zur Unterstützung des Verständnisses.
Die <u>linken</u> Seiten bieten Redewendungen, Wortschatzergänzungen und landeskundliche Informationen, die Ihnen helfen, auch Situationen, die über die Geschichte hinausgehen, sprachlich bestens zu meistern.
Die Kurzgrammatik und das Wörterverzeichnis im Anhang dienen zur Unterstützung und Bewußtmachung Ihrer Englischkenntnisse.

Wie lernen Sie am besten mit diesem Buch?
1. Lesen Sie die Geschichte auf der rechten Seite in Englisch. (Schielen nach rechts zur deutschen Übersetzung ist erlaubt!)
2. Vertiefen Sie Ihre Kenntnisse durch das Studium der Erweiterungen auf der linken Seite.
3. Dieser Sprachkurs zum Auffrischen ist auch als Buch mit 90minütiger Audiocassette erschienen: Sie ist in ihrer Sprechgeschwindigkeit auf Ihre Bedürfnisse abgestimmt und hilft Ihnen, Ihre Aussprache zu trainieren und zu verbessern.
Sie bietet sämtliche englischen Dialogtexte sowie eine Auswahl der Zusatztexte der linken Seiten zum Hören und Nachsprechen.

Und nun lehnen Sie sich entspannt zurück und lassen Sie sich ein auf das Abenteuer Englisch. Sie werden sehen, daß Lernen so wirklich Spaß machen kann.
Wir wünschen Ihnen viel Erfolg!

Autorinnen und Verlag

1 Schreibung

Was die Groß- und Kleinschreibung anbelangt, hat man es im Englischen wesentlich einfacher als im Deutschen: es werden im Prinzip alle Wörter, also auch die Substantive, mit kleinem Anfangsbuchstaben geschrieben **außer** natürlich Wörter am Satzanfang;

Eigennamen – auch im weiteren Sinne – und ihre adjektivischen Ableitungen:

Ortsnamen *(London, Duke Street* – aber: *he is walking down the street)*, Ländernamen *(Great Britain, Germany)* und ihre adjektivischen Ableitungen *(British, English, German, European)*, Geographische Bezeichnungen *(the North, the South, the Middle West, Western Europe* – aber: *west of Munich)*, Wochentage *(Sunday, Monday)*, Monatsnamen *(January, February)*, Feiertage *(Christmas, Easter, Whitsun)*, religiöse, politische Begriffe *(Protestantism – Protestant, Parliament, the Conservatives)*, Verwandtschaftsbezeichnungen als Anrede *(Daddy, Mummy, Auntie)*;

Titel, Amtsbezeichnungen, Institutionen:

Dr. Smith, Professor Miller, the Prime Minister, the Rector of the University;

Einzelbuchstaben:

I (ich), das Personalpronomen, das aus einem einzigen Buchstaben besteht (der Deutlichkeit wegen), *T-shirt, X-rays*, Buchtitel, Schlagzeilen – hier ist die Handhabung allerdings nicht einheitlich.

2 Aussprache

Die effektivste Methode, sich in die Intonation und Aussprache einzufinden, besteht darin, daß man sich authentisches Englisch so oft wie möglich anhört und es nachspricht.
Die begleitende Audiocassette bietet Ihnen dafür die ideale Möglichkeit, ohne Zuhörer, ganz ungezwungen, die Wörter, Sätze und Dialogteile nachzuahmen. Sie werden es selbst merken, wie sich von Mal zu Mal Ihre Aussprache verbessert.

Auf einige Laute, die der deutschsprachigen Zunge fremd sind und deswegen Schwierigkeiten bereiten, wollen wir hier kurz eingehen:

a Das englische *a* findet man in drei verschiedenen Aussprachequalitäten:
Ein kurzes, dunkles *a*, vorn und offen gebildet, die Lippen sind nicht gerundet, z. B. in *bus, come, number,* ähnlich wie in »Mann«.
Ein langes *a*, z. B. in *father, park, after,* ähnlich wie in »Zahn«.
Ein helles, offenes, nicht zu kurzes *a*, z. B. in *thanks, man, apple,* ähnlich wie in »Wäsche«.

r Das englische *r* wird nicht mit dem Zäpfchen gebildet, sondern mit der Zunge, die leicht in Richtung der oberen Zahnwulst gehoben ist, z. B. in *sorry, room, red.*

v Das englische *v* wie z. B. in *very, vegetarian, conversation* wird wie ein deutsches »w« ausgesprochen, ähnlich wie in »Wasser«.

w Das englische *w* wie z. B. in *window, wine, where* wird wie ein sehr kurzes »u« ausgesprochen.

th Das gefürchtete englische *th* ist gar nicht so schwierig zu bilden, wie manche meinen. Man muß nur die Zunge zwischen die Zähne stecken und lispeln, und schon ist man auf dem richtigen Weg.
Um das stimmlose *th* zu erzeugen, wie z. B. in *theatre, thanks, anything,* übt man das Lispeln mit dem Wort »Kiste«; das stimmhafte *th*, wie z. B. in *the, there, without* erzielt man durch lispelndes Aussprechen des Wortes »Hase«.

1 **Excuse me.**

**Entschuldigen Sie, bitte./
Entschuldigung.**

The ...
  window seat
  middle seat
  aisle seat
is mine.

Der Platz ...
  am Fenster
  in der Mitte
  am Gang
ist meiner.

Can you help me to find
my seat, please?
With pleasure.
Just follow me.
Here you are.

Können Sie mir helfen,
meinen Platz zu finden?
Gerne.
Folgen Sie mir einfach.
Hier, bitte schön.

Where is the ...
  smoking area/section?
  non-smoking
  area/section?

Wo ist die ...
  Raucherzone?
  Nichtraucherzone?

Finally Andreas' dream is coming true: he is flying to London. But he is afraid of speaking English because – he thinks – his school English is very poor. Luckily, he is flying with Lufthansa, so he can forget his fears for a while. He leans back in his seat, relaxed.

Endlich geht Andreas' Traum in Erfüllung: Er fliegt nach London. Aber er hat Angst davor, Englisch zu sprechen, da sein Schulenglisch – wie er glaubt – sehr dürftig ist. Zum Glück fliegt er mit Lufthansa, so kann er seine Ängste noch etwas aufschieben. Er lehnt sich entspannt zurück.

Young lady:
Excuse me.
The window seat is mine,

Entschuldigen Sie, bitte.
Der Platz am Fenster ist meiner,

… says a very sweet voice, and as he looks up, he loses himself in a pair of big blue eyes.

… sagt eine zarte Stimme, und als er hochsieht, verliert sich sein Blick in ein Paar große blaue Augen.

2 **Sorry.**

Sorry.	**Entschuldigung.**
I'm sorry.	Entschuldigung.
I'm so sorry.	Es tut mir sehr leid.
I'm very sorry.	Es tut mir sehr leid.
I'm terribly sorry.	Es tut mir schrecklich leid.
Sorry for all the trouble.	Entschuldigen Sie die Unannehmlichkeiten.

That's all right.	Schon in Ordnung.
Don't worry.	Keine Ursache./Machen Sie sich keine Gedanken.
It's OK.	Es ist schon in Ordnung.
It doesn't matter.	Es macht nichts.

3

Fasten your seatbelts, please.	Schnallen Sie sich bitte an.
Refrain from smoking.	Stellen Sie das Rauchen ein.
Put your seat to an upright position.	Bringen Sie die Rückenlehne in senkrechte Position.

4

What would you like to drink?	**Was möchten Sie gerne trinken?**
Do you care for a drink?	Hätten Sie gerne etwas zu trinken?
Can I offer you a drink?	Kann ich Ihnen ein Getränk anbieten?
I'd like ...	Ich hätte gerne ...
tea with milk.	Tee mit Milch.
with lemon.	mit Zitrone.
mineral water.	Mineralwasser
sparkling mineral water.	mit Kohlensäure.
still mineral water.	ohne Kohlensäure.
apple juice.	Apfelsaft.
tomato juice (with pepper and salt).	Tomatensaft (mit Pfeffer und Salz).
beer.	Bier.
red wine.	Rotwein.
white wine.	Weißwein.
champagne.	Champagner.
gin and tonic.	Gin Tonic.
whisky on the rocks.	Whisky mit Eis.pur.
straight.	

Andreas:
Oh, sure.
Just a moment, please.

Aber natürlich.
Einen Moment, bitte.

Andreas jumps quickly to his feet and lets the young lady pass. He thinks to himself that she is very charming. At this moment, she trips over his feet.

Schnell springt Andreas auf und läßt die junge Dame durch. Er denkt bei sich, daß sie sehr charmant ist. In diesem Moment stolpert sie über seine Füße.

Young lady:
I'm so sorry.

Es tut mir sehr leid.

Andreas:
Don't worry,

Keine Ursache,

... Andreas answers, quite proud that he has remembered what to say.

... antwortet Andreas, ziemlich stolz, daß ihm das eingefallen ist.

Some moments later the plane takes off and the young lady next to Andreas takes out a book and starts reading right away. Andreas looks at her from the side. If only his English were better, he could start a conversation with her. The flight attendant comes by with the trolley offering drinks to them.

Wenig später startet das Flugzeug, und die junge Dame neben Andreas nimmt ein Buch heraus und beginnt sofort zu lesen. Andreas schaut sie sich von der Seite an. Wenn nur sein Englisch besser wäre, so könnte er mit ihr eine Unterhaltung beginnen. Die Stewardeß kommt mit dem Servierwagen und bietet ihnen Getränke an.

Flight attendant:
What would you like to drink?

Was möchten Sie gerne trinken?

Young lady:
Coffee, please.

Kaffee, bitte.

Flight attendant:
With milk and sugar?

Mit Milch und Zucker?

Young lady:
Just milk, please.
No sugar. Thank you.

Nur Milch, bitte.
Keinen Zucker. Danke.

4	How do you take your coffee?	Wie nehmen Sie Ihren Kaffee?
	With or without sugar?	Mit oder ohne Zucker?

5	**And for you, sir?**	**Und für Sie?** *(An einen Herrn gerichtet)*
	And for you, madam?	**Und für Sie?** *(An eine Dame gerichtet)*
	Anything for you?	Irgend etwas für Sie?

Would you like some more …?	Möchten Sie noch etwas mehr …?
Would you like another coffee?	Möchten Sie noch einen Kaffee?
Anything else for you?	Irgend etwas anderes für Sie?

Yes, please.	Ja, bitte.
Here you are.	Hier, bitte schön.
Thank you.	Danke.
You're welcome.	Bitte.

No, thank you. I'm fine.	Nein, danke.
Nothing for me. Thank you.	Für mich nichts. Danke.

Do you like it?	**Mögen Sie es?**
Yes, I do.	Ja.
It's a very good wine/coffee.	Es ist ein sehr guter Wein/Kaffee.
It's delicious.	Es ist köstlich.
It's very refreshing sweet/sour spicy/cold cool/warm/hot.	Es ist sehr erfrischend süß/sauer würzig/kalt kühl/warm/heiß.

It's too cold/warm.	Es ist zu kalt/warm.

Help yourself.	**Bedienen Sie sich.** *(Singular)*
Help yourselves.	Bedienen Sie sich. *(Plural)*

I'm a vegetarian.	Ich bin Vegetarier/in.
Do you have a vegetarian meal?	Haben Sie ein vegetarisches Essen?

6	**Thank you./Thanks.**	**Danke.**
	Thank you very much.	Vielen Dank.
	Thanks a lot.	Vielen Dank.
	That's very kind, thank you.	Das ist sehr nett, danke.

Flight attendant:
And for you, sir?

Und für Sie?

Andreas:
Orange juice, please.

Orangensaft, bitte.

Flight attendant:
Here you are.

Bitte schön.

Andreas:
Thank you.

Danke.

As the lady takes the coffee from the flight attendant, the cup suddenly tips over, the coffee spilling all over Andreas' new suit.

Als die Dame der Stewardeß den Kaffee abnimmt, kippt die Tasse plötzlich um, und der Kaffee landet auf Andreas' neuem Anzug.

7 **Can you help me, please?** **Können Sie mir bitte helfen?**
May I? Darf ich?
Yes, please. Ja, bitte.
Could I have ...? Kann ich ... haben?
Could you bring me ... **Können Sie mir bitte ...**
   some tissues, Papiertücher
       napkins, Servietten
       earphones, Kopfhörer
   a blanket, **eine** Decke
       pillow, ein Kopfkissen
       newspaper, eine Zeitung
       magazine, eine Illustrierte
       towel, ein Handtuch
   an aspirin, ein Aspirin
please? **bringen?**

Of course. Natürlich.
Certainly. Natürlich.
No problem. Kein Problem.
Just a moment, please. Einen Moment, bitte.

That's very kind of you. Das ist sehr nett von Ihnen.
Thank you. Danke.
You're welcome. Bitte.

8 **I love champagne.** **Ich liebe Champagner.**
I like tea with milk and sugar. Ich trinke Tee gern mit Milch und Zucker.

I don't like sweets. Ich mag keine Süßigkeiten.
I hate cold coffee. Ich hasse kalten Kaffee.

9 **May I introduce ...** **Darf ich ...**
   my wife? meine Frau
   my husband? meinen Mann
   my partner? meine/n Partner/in
   my boss? meine/n Chef/in
   my friend meine/n Freund/in
   (girlfriend/
   boyfriend)?
   my colleague? meine/n Kollegen/in
vorstellen?

Young lady:
Oh, I'm very, very sorry, this is terrible.
Please, let me clean your jacket.

And she dabs his suit with the towels the flight attendant gives her. Andreas calms her down:

Andreas:
Don't worry.
It doesn't matter, it'll dry.

Young lady:
Can I get you a glass of champagne?
It is the least I can do.

Andreas:
Oh, that's a good idea.
I love champagne.
... Cheers!

Andreas is happy. They drink the champagne together and converse much more easily than Andreas had ever dreamed of.

Andreas:
May I introduce myself?
My name is Andreas Steinberger.

Young lady:
I'm Joy Woodlands.
Nice to meet you.

Andreas:
Nice to meet you.
Are you from London?

Joy:
Yes, I live there.
Where are you from?

Oh, das tut mir sehr, sehr leid, das ist schrecklich.
Bitte lassen Sie mich Ihre Jacke saubermachen.

Und sie tupft mit den Tüchern, die ihr die Stewardeß gibt, seinen Anzug trocken. Andreas beruhigt sie:

Keine Sorge.
Es macht nichts, das wird trocknen.

Kann ich Ihnen ein Glas Champagner besorgen?
Das ist das mindeste, was ich tun kann.

Oh, das ist eine gute Idee.
Ich liebe Champagner.
... Prost!

Andreas ist glücklich. So trinken sie Champagner und unterhalten sich viel unbeschwerter, als es sich Andreas je hatte träumen lassen.

Darf ich mich vorstellen?
Mein Name ist Andreas Steinberger.

Ich heiße Joy Woodlands.
Schön, Sie kennenzulernen.

Schön, Sie kennenzulernen.
Sind Sie aus London?

Ja, ich lebe dort.
Woher kommen Sie?

10 **for the first time** — **zum ersten Mal**
second time — zweiten Mal
third time — dritten Mal
fourth time — vierten Mal
fifth time — fünften Mal

Numbers 0, 1–15	**Zahlen**
zero	null
one	eins
two	zwei
three	drei
four	vier
five	fünf
six	sechs
seven	sieben
eight	acht
nine	neun
ten	zehn
eleven	elf
twelve	zwölf
thirteen	dreizehn
fourteen	vierzehn
fifteen	fünfzehn

11 day — Tag
week — Woche
month — Monat

a few days — einige Tage

12 **I have to attend ...** — **Ich muß ...**
a meeting. — an einer Tagung/ Konferenz
a seminar. — an einem Seminar **teilnehmen.**

I have an appointment. — Ich habe eine Verabredung/ einen Termin.

I want to visit friends. — Ich möchte Freunde besuchen.

I just want to see London. — Ich möchte nur London sehen.

Andreas:
I'm from Munich.

Ich komme aus München.

Joy:
Have you ever
been to London?

Sind Sie schon einmal
in London gewesen?

Andreas:
No, I haven't. I'm flying to
London for the first time.

Nein, ich fliege zum ersten
Mal nach London.

Joy:
How long are you going to
stay?

Wie lange werden Sie
bleiben?

Andreas:
Nearly a week.

Fast eine Woche.

Joy:
Are you on holiday or on
business?

Machen Sie Ferien, oder sind
Sie geschäftlich unterwegs?

Andreas:
Both. I have to attend a
meeting for three days –
then I am free to see
London.

Beides. Ich muß drei Tage an
einer Konferenz teilnehmen,
dann bin ich frei, um
London zu sehen.

*And secretly Andreas hopes
that Miss Woodlands might
offer to show him around
London. Instead she becomes
interested in her book again.
Soon after the plane has
landed, she stands up, gathers
her hand luggage and with
a friendly ...*

*Und im stillen hofft Andreas,
daß Miss Woodlands sich
anbieten würde, ihm London
zu zeigen. Doch sie vertieft
sich wieder in ihr Buch. Kurz
nach der Landung erhebt sie
sich, rafft ihr Handgepäck
zusammen und mit einem
freundlichen ...*

Joy:
Goodbye.
Enjoy your stay in London.

Auf Wiedersehen.
Genießen Sie Ihren Aufenthalt in London.

*... makes her way to the exit
and leaves Andreas behind
her, smitten.*

*... strebt sie dem Ausgang zu
und läßt einen total verliebten
Andreas zurück.*

1 ▶ I can't find ...
    my bag.
    my rucksack.

My suitcase is missing.

Ich kann ...
    meine Tasche
    meinen Rucksack
nicht finden.

Mein Koffer fehlt.

2 ▶ | **Signs and information at the airport** | **Schilder und Informationen am Flughafen** |
|---|---|
| gate | Flugsteig, Ausgang |
| terminal | Ankunfts- oder Abflughalle |
| arrival | Ankunft |
| departure | Abflug |
| gates for departure | Ausgänge für den Abflug |
| passport control | Paßkontrolle |
| check in | einchecken |
| last call | letzter Aufruf |
| security check | Sicherheitskontrolle |
| boarding card | Bordkarte |
| now boarding | jetzt an Bord gehen |
| scheduled | planmäßig |
| delayed | verspätet |
| cancelled | annulliert |
| customs | Zoll |
| goods to declare | zollpflichtige Ware |
| nothing to declare | zollfreie Ware |
| EU nationals | EU Bürger |
| all other passports | sonstige Nationalitäten |

3 ▶ What time is ...
    the next bus
    the next train
    the next tube
to ...?
Do I have to change?
How long does it take?
Where do I get a ticket?

How much is ...
    a single ticket to ...,

    a return ticket to ...,

Um wieviel Uhr fährt ...
    der nächste Bus
    der nächste Zug
    die nächste U-Bahn
nach ...?
Muß ich umsteigen?
Wie lange dauert die Fahrt?
Wo bekomme ich eine Fahrkarte?

Wieviel kostet bitte ...
    eine einfache Fahrkarte nach ...?

    eine Rückfahrkarte nach ...?

Andreas waits for his suitcase and sees Joy on the other side of the conveyor belt. Unfortunately her suitcase arrives more quickly and by the time Andreas has his, she has gone.

Andreas wartet auf seinen Koffer und sieht Joy auf der anderen Seite des Laufbandes. Leider kommt ihr Koffer schneller an, und bis Andreas den seinen hat, ist sie fort.

He walks through the exit and enters the crowded arrival hall.

Er geht durch den Ausgang und kommt in das Menschengewühl der Ankunftshalle.

He walks straight to the information desk.

Er geht direkt zum Informationsschalter:

Andreas:
How do I get to the centre of London?

Wie komme ich ins Zentrum von London?

Information:
Take the bus, sir.
Just follow the signs:
Underground, Taxi, Bus.

Nehmen Sie den Bus.
Folgen Sie einfach den Zeichen:
U-Bahn, Taxi, Bus.

After a lot of walking, partly on moving walkways, he finally finds the bus station and asks –

Nach vielem Laufen, zum Teil auf Laufbändern, findet er endlich die Busstation und fragt –

Andreas:
Is this the bus to the centre of London?

Ist das der Bus ins Zentrum von London?

Bus driver:
Yes, that's right.

Ja, das ist richtig.

Andreas gets on the red double-decker bus.

Andreas steigt in den roten Doppeldeckerbus.

Bus driver:
Four pounds, please.

Vier Pfund, bitte.

After Andreas has got used to seeing the traffic driving on the left-hand side of the road, he looks around the bus. Who does he see in deep conversation with a man? Joy! His heart begins to beat faster.

Nachdem sich Andreas an den Linksverkehr gewöhnt hat, schaut er sich im Bus um. Wen sieht er, vertieft in ein Gespräch mit einem Herrn? Joy! Sein Herz beginnt schneller zu klopfen.

3 a one day travelcard, eine Tageskarte?
a one week travelcard, eine Wochenkarte?
please?

4 **Hi!** **Grüß dich!/Hallo!**
Hello! **Hallo!** *(Informeller Gruß*
unter jungen Leuten und
guten Bekannten)

Nice to see you! **Schön, dich zu sehen!**

Good morning! Guten Morgen!
Good afternoon! Guten Tag (Nachmittag)!
Good evening! Guten Abend!
Good night! Gute Nacht!
In Verbindung mit
Mr …/Mrs …/ Herr …/Frau …/
Ms *[mis …– mit weichem* Frau/Fräulein …
»s«] *Anmerkung: Die Anrede*
»Miss« (»Fräulein«) ist nicht
mehr gebräuchlich.

Take care! Mach's gut!

Bye! **Tschüs!**
Goodbye! **Auf Wiedersehen!**
See you later. Bis später.

Good morning, love. *(Freundliche Anrede,*
Goodbye, dear. *meist von älteren Leuten,*
Busfahrern und Marktfrauen)

brother – sister Bruder – Schwester
mother – father – parents Mutter – Vater – Eltern
daughter – son Tochter – Sohn
uncle – aunt Onkel – Tante
husband – wife Ehemann – Ehefrau
grandmother – grandfather Großmutter – Großvater
parents-in-law Schwiegereltern
brother-in-law Schwager
sister-in-law Schwägerin
niece – nephew Nichte – Neffe
cousin Vetter/Cousine
relatives Verwandte

Then suddenly she notices him and smiling waves to him to come over.	*Da entdeckt sie ihn plötzlich und winkt ihn lächelnd zu sich herüber.*

Joy:
Hi, Andreas.
Come and meet my brother.

Hallo, Andreas.
Kommen Sie und lernen Sie
meinen Bruder kennen.

Andreas stumbles over luggage and legs, apologizing, trying to reach the back of the bus where they are sitting.

Andreas stolpert über Gepäck und Beine, bittet um Ent- schuldigung und bemüht sich, zu ihnen nach hinten zu gelangen, wo sie sitzen.

Andreas:
So sorry!

Entschuldigung, Entschuldigung!

5 **I come from ...**   **Ich komme aus ...**

Germany.	Deutschland.
Austria.	Österreich.
Switzerland.	der Schweiz.
England.	England.
Scotland.	Schottland.
Ireland.	Irland.
France.	Frankreich.
Italy.	Italien.
Spain.	Spanien.
Japan.	Japan.
the Netherlands.	den Niederlanden.
the United States.	den USA.

6
an hour	eine Stunde
half an hour	eine halbe Stunde
a quarter of an hour	eine viertel Stunde
an hour and a half	eineinhalb Stunden
two hours	zwei Stunden

7
at a hotel	in einem Hotel
guest house	einer Pension
bed and breakfast place	einer Privatunterkunft mit Frühstück
with friends	bei Freunden

8
first-class	erstklassig, erster Kategorie
expensive	teuer
modest	bescheiden
simple	einfach
cheap	billig

9 **It's in ... Street,**   **Es ist in der ...straße,**

opposite Hyde Park.	**gegenüber** dem Hyde Park.
next to a big department store.	**neben** einem großen Kaufhaus.
between an art gallery and a boutique.	**zwischen** einer Kunstgalerie und einer Boutique.
on the left.	links.
on the right.	rechts.
at the corner.	an der Ecke.

Joy:
Great to see you again.
Andreas, this is my brother,
Mike.

Schön, Sie wiederzusehen.
Andreas, das ist mein
Bruder, Michael.

Andreas:
Andreas Steinberger,
nice to meet you.

Andreas Steinberger.
Schön, Sie kennenzulernen.

Mike:
Nice to meet you.
I came to meet my sister at
the airport.
Did you have a pleasant
flight?

Ganz meinerseits.
Ich bin gekommen, um
meine Schwester am Flug-
hafen abzuholen.
Haben Sie einen angeneh-
men Flug gehabt?

Andreas:
Yes, thank you. Such a quick
journey.

Ja, danke. So eine kurze
Reise.

Mike:
Where do you come from?

Woher kommen Sie?

Andreas:
I come from Munich.

Ich komme aus München.

Mike:
How long did the flight
take?

Wie lange hat der Flug
gedauert?

Andreas:
An hour and a half.

Eineinhalb Stunden.

Mike:
Are you staying at a hotel?

Wohnen Sie in einem Hotel?

Andreas:
Yes, at the Park Hotel.

Ja, im Park Hotel.

Joy:
It's a first-class hotel.

Das ist ein erstklassiges
Hotel.

Andreas:
Where is it?

Wo liegt es?

Joy:
It's in Park Lane,
opposite Hyde Park.

Es ist in der Park Lane,
gegenüber dem Hyde Park.

10 get off   aussteigen
    get on   einsteigen
    change   umsteigen

11 **We could go** ...   **Wir könnten** ...
        to a restaurant.   in ein Restaurant
        to a pub.   in eine Kneipe
        to a disco.   in eine Disco
        to the opera.   in die Oper
        to the theatre.   ins Theater
        to the cinema.   ins Kino
                                         gehen.

I'd love to. What time?   Sehr gerne. Um wieviel Uhr?
I'm very sorry, but I'm not   Es tut mir sehr leid, aber
free this evening.   heute abend bin ich nicht
                                  frei.

12 **Days of the week**   **Wochentage**
    Monday   Montag
    Tuesday   Dienstag
    Wednesday   Mittwoch
    Thursday   Donnerstag
    Friday   Freitag
    Saturday   Samstag
    Sunday   Sonntag

Months   **Monate**
January   Januar
February   Februar
March   März
April   April
May   Mai
June   Juni
July   Juli
August   August
September   September
October   Oktober
November   November
December   Dezember

Seasons   **Jahreszeiten**
winter/spring   Winter/Frühling
summer/autumn   Sommer/Herbst

Andreas:
Is the hotel far from Oxford Street, the well-known shopping area?

Ist das Hotel weit von der Oxford Street entfernt, der bekannten Einkaufsgegend?

Mike:
No, it is a five to ten minutes' walk.

Nein, ein fünf- bis zehn-minütiger Spaziergang.

Andreas:
Does this bus go to the hotel?

Fährt dieser Bus bis zum Hotel?

Mike:
No, you have to get off at Knightsbridge and take a cab. It only takes a few minutes from there.

Nein, Sie müssen an der Haltestelle Knightsbridge aussteigen und ein Taxi nehmen. Man braucht nur ein paar Minuten von dort.

Andreas:
Thank you very much for the information. What would you recommend I see in London?

Vielen Dank für die Auskunft. Was würden Sie empfehlen, in London anzuschauen?

Mike:
Why don't you first go on a sightseeing tour by bus? But maybe we can show you around.

Warum machen Sie nicht zuerst eine Besichtigungstour mit dem Bus? Aber vielleicht können wir Ihnen einiges zeigen.

Joy:
Would you like to go out tonight? We would like to show you London by night.

Würden Sie heute abend gerne ausgehen? Wir würden Ihnen gerne London bei Nacht zeigen.

Andreas:
Thank you, that is very kind, but I'm not free tonight.
It's the same tomorrow.
I've to meet clients.
But what about Thursday evening?

Danke, das ist sehr freundlich, aber heute abend bin ich nicht frei.
Dasselbe gilt für morgen.
Ich muß Kunden treffen.
Wie wäre es mit Donnerstag abend?

13 Telephone numbers — Telefonnummern

Telephone numbers	**Telefonnummern**
670 5586	*wie man Telefonnummern*
six – seven – oh –	*spricht*
double five – eight – six	
0049	*Vorwahl von GB*
	nach Deutschland
0043	*Vorwahl von GB*
	nach Österreich
0041	*Vorwahl von GB*
	in die Schweiz
0044	*Vorwahl vom Ausland*
	nach GB
999	*Notruf in England/GB*
192	*Auskunft – Inland*
100	*Vermittlung – Inland*
153	*Auskunft – Ausland*
155	*Vermittlung – Ausland*

operator	Auskunft
Can I help you?	Kann ich Ihnen behilflich sein?
Could you give me the number of … in …	Ich hätte gerne die Nummer von … in …
The number you're looking for is: Code … Number …	Die gewünschte Nummer lautet: Vorwahl … Rufnummer …

14 at 7 p.m. — um sieben Uhr abends/um neunzehn Uhr

at 7 p.m.	**um sieben Uhr abends/ um neunzehn Uhr**
post meridiem	*nachmittags/abends*
at 11 a.m.	um elf Uhr vormittags
ante meridiem	*morgens/vormittags/mittags*
at 12 a.m.	um zwölf Uhr mittags
at 12 p.m.	um zwölf Uhr nachts
at eight o'clock	um acht Uhr *(je nach Kontext* **früh** *oder* **abends***)*

Mike:

Yes, that sounds great. Let's meet on Thursday at 7 p.m. in the lobby of your hotel. Here is our phone number, in case you can't make it: 670 5586.

Ja, das klingt gut. Treffen wir uns am Donnerstag um sieben Uhr abends in der Halle Ihres Hotels. Hier ist unsere Telefonnummer, für den Fall, daß Sie es nicht schaffen: 670 5586.

Andreas:

Thank you.

Danke.

Joy:

We're nearly in Knightsbridge, you have to get off!

Wir sind fast in Knightsbridge, Sie müssen aussteigen!

Mike and Joy:

Goodbye, see you on Thursday.

Auf Wiedersehen, bis Donnerstag.

Andreas:

Goodbye, at 7 p.m. on Thursday.

Auf Wiedersehen, um sieben Uhr abends am Donnerstag.

Andreas gets off the bus, so excited that he nearly forgets his suitcase. And then he stands there on the pavement in London, wondering where there is a taxi rank. He takes his courage in both hands and asks a passer-by –

Andreas verläßt den Bus, so aufgeregt, daß er beinahe seinen Koffer vergißt. Und dann steht er da in London auf dem Bürgersteig und fragt sich, wo wohl ein Taxistand ist. Er nimmt all seinen Mut zusammen und fragt einen Passanten –

Andreas:

Can you help me, please? Where can I find a taxi?

Können Sie mir bitte helfen? Wo kann ich ein Taxi finden?

All the man does is motion towards the busy street and walk on. Helpless and perplexed, Andreas stands there on the edge of the pavement.

Der Herr zeigt nur mit der Hand in Richtung der stark befahrenen Straße und geht weiter. Hilflos und ratlos steht Andreas am Straßenrand.

15 ▶ Can I help you?

Yes, please.
No, thanks. I'm fine.

Can you help me, please?

**Kann ich Ihnen helfen/
behilflich sein?**

Ja, bitte.
Nein, danke. Ich komme
selbst zurecht.

Können Sie mir bitte helfen?

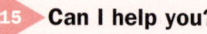

People rush by without looking, almost falling over Andreas' suitcase on the ground next to him.
Most of them say —

Leute hetzen an ihm vorbei, ohne zu schauen, und fallen fast über Andreas' Koffer, der auf dem Boden neben ihm steht.
Die meisten sagen —

Sorry.

Entschuldigung.

Suddenly someone taps Andreas on the shoulder, and as he turns around, a friendly policeman asks —

Plötzlich klopft jemand Andreas auf die Schulter, und als er sich umdreht, fragt ein freundlicher Polizist —

Policeman:
Can I help you, sir?

Kann ich Ihnen helfen?

Andreas:
Yes, please. I need a taxi.

Ja, bitte. Ich brauche ein Taxi.

Policeman:
Oh, that's easy.
Look, there are so many taxis around here. You just have to raise your hand.
That's all.

Oh das ist leicht.
Schauen Sie, hier sind so viele Taxis. Sie müssen nur Ihre Hand heben.
Das ist alles.

Andreas watches as the policeman raises a hand towards the heavy traffic and a typical black London cab suddenly stops in front of him. Andreas thanks the policeman.

Andreas beobachtet, wie der Polizist eine Hand in Richtung des dichten Verkehrs streckt, und ein typisches schwarzes Londoner Taxi hält plötzlich vor ihm. Andreas dankt dem Polizisten.

Andreas:
Thank you very much for your help.
Next time I'll know what to do.

Vielen Dank für Ihre Hilfe.

Nächstes Mal weiß ich, was ich tun muß.

16 Numbers 16–29 — Zahlen

sixteen	sechzehn
seventeen	siebzehn
eighteen	achtzehn
nineteen	neunzehn
twenty	zwanzig
twenty-one	einundzwanzig
twenty-two	zweiundzwanzig
twenty-three	dreiundzwanzig
twenty-four	vierundzwanzig
twenty-five	fünfundzwanzig
twenty-six	sechsundzwanzig
twenty-seven	siebenundzwanzig
twenty-eight	achtundzwanzig
twenty-nine	neunundzwanzig

Numbers 30–1000

thirty	dreißig
forty	vierzig
fifty	fünfzig
sixty	sechzig
seventy	siebzig
eighty	achtzig
ninety	neunzig
one hundred	einhundert
one thousand	eintausend

Money — Geld

Notes	Scheine
£ 5 (Pounds)	5 Pfund
£ 10 (Pounds)	10 Pfund
£ 20 (Pounds)	20 Pfund
£ 50 (Pounds)	50 Pfund

Coins	Münzen
1 p (Penny)	1 Pence
2 p (Pence)	2 Pence
5 p (Pence)	5 Pence
10 p (Pence)	10 Pence
20 p (Pence)	20 Pence
50 p (Pence)	50 Pence
£ 1 (Pound)	1 Pfund

Policeman:
You're welcome.

Gern geschehen.

Cab driver:
Where to?

Wohin?

Andreas:
Park Hotel, please.

Park Hotel, bitte.

Slowly the cab winds its way through the traffic and Andreas is able to look into the shop windows of Harrods as they drive by. Harrods, the most elegant, most expensive department store in England where one can even buy an elephant!
He would like to go shopping if he has time. After a short ride, the cab stops in front of the hotel. The porter rushes to the cab and takes Andreas' suitcase. Andreas turns to the driver and asks –

Langsam schlängelt sich das Taxi durch den Verkehr und Andreas kann im Vorbei-fahren einen Blick in die Schaufenster von Harrods werfen. Harrods, das elegante-ste, teuerste Kaufhaus von England, wo man sogar einen Elefanten kaufen kann!
Da möchte er einkaufen, wenn er Zeit hat. Nach kurzer Fahrt hält das Taxi vor dem Hotel. Der Gepäck-träger eilt zum Taxi und nimmt Andreas' Koffer. Andreas wendet sich zum Fahrer und fragt –

Andreas:
How much is it?

Was macht das?

Cab driver:
Four pounds sixty, please.

Vier Pfund sechzig (*Pence*), bitte.

Andreas:
Here are five pounds.
Keep the change.

Fünf Pfund.
Behalten Sie das Kleingeld.

He goes to the reception desk and because the porter stands there waiting, Andreas realizes that he has not tipped him. He gives him a pound and gets a beaming smile.

Er geht zur Rezeption und da der Gepäckträger wartend stehenbleibt, fällt Andreas ein, daß er ihm kein Trinkgeld gegeben hat. Er gibt ihm ein Pfund und erntet daraufhin ein strahlendes Lächeln.

Porter:
Thank you, sir.

Danke.

1 ▶ **I'd like to book a room for ...**

next week.
the first of June.
this weekend.
I'm looking for a room.
Yes, (sir/madam), what sort of room would you like?

Ich möchte gerne ein Zimmer bestellen für ...

nächste Woche.
den ersten Juni.
dieses Wochenende.
Ich suche ein Zimmer.
Ja, welche Art Zimmer möchten Sie?

I'd like ...

a single room.
a double room.
a double room with twin beds.
a quiet room.
a room with a ...
  shower.
  bath.
  balcony.
a room overlooking the sea.
a room at the back of the hotel.
a room at the front of the hotel.

Ich möchte ...

ein Einzelzimmer.
ein Doppelzimmer.
ein Doppelzimmer mit zwei Einzelbetten.
ein ruhiges Zimmer.
ein Zimmer mit ...
  Dusche.
  Bad.
  Balkon.
ein Zimmer mit Meeresblick.
ein Zimmer, das nach hinten

vorne gelegen ist.

How much is the room?
Is breakfast included?

Yes, a full English breakfast is included.

I'm afraid we're full.

Wieviel kostet das Zimmer?
Ist es mit Frühstück?/Ist das Frühstück inbegriffen?
Ja, ein vollständiges englisches Frühstück ist inbegriffen.

Wir sind leider ausgebucht.

Continental breakfast
juice
coffee or tea
bread/toast
rolls/croissants
marmalade/jam

honey
butter

Kontinentales Frühstück
Saft
Kaffee oder Tee
Brot/Toast
Brötchen/Croissants
Orangenmarmelade/ Marmelade

Honig
Butter

Receptionist:
Can I help you?

Kann ich Ihnen behilflich sein?

Andreas:
Yes, please.
I've booked a single room for six nights.

Ja, bitte.
Ich habe ein Einzelzimmer für sechs Nächte gebucht.

Receptionist:
Your name, please.

Ihr Name, bitte.

Andreas:
Steinberger Andreas.

Steinberger Andreas.

1 **Full English breakfast**   **Volles englisches Frühstück**

bacon and eggs   Speck und Eier
sausages, tomatoes   Würstchen, Tomaten
cereal/cornflakes   Getreideflocken/Cornflakes
in addition to continental   zusätzlich zu continental
breakfast   breakfast

2 **The English alphabet**   **Das englische Alphabet**

a	b	c	d	e	f	g	h
ei	*bi*	*si*	*di*	*i*	*ef*	*dschi*	*eitsch*

i	j	k	l	m	n	o	p
ai	*dschei*	*kei*	*el*	*em*	*en*	*ou*	*pi*

q	r	s	t	u	v	w
kiu	*ar*	*es*	*ti*	*ju*	*vi*	*dablju*
						(geschrieben:

x	y	z	
eks	*wai*	*zed*	*double u –*
			doppeltes u)

3

Park Hotel   Andreas Steinberger
24 Park Lane   Kaiserplatz 5
GB London W 14 8BP   D 80803 München
                                  8/4/1997

Dear Sir or Madam,
I'd like to make a reservation for a single room with bath
for 7 nights from 10th May 1997 – 16th May 1997.

Yours sincerely,

Andreas Steinberger

Receptionist:
How do you spell your name, please?

Wie buchstabieren Sie bitte Ihren Namen?

Andreas:
S-t-e-i-n-b-e-r-g-e-r.

S-t-e-i-n-b-e-r-g-e-r.

Receptionist:
Yes, here is the confirmation of your booking.
Do you come from Munich?

Ja, hier ist die Bestätigung Ihrer Buchung.
Kommen Sie aus München?

Andreas:
Yes, I do.

Ja.

Receptionist:
How would you like to pay?
By credit card, cheque or cash?

Wie möchten Sie zahlen?
Mit Kreditkarte, Scheck oder in bar?

Andreas:
By Eurocheque.

Mit Euroscheck.

Receptionist:
Would you be so kind as to fill in and sign this registration form, please.

Wären Sie bitte so freundlich und würden Sie das Anmeldeformular ausfüllen und unterschreiben.

Andreas:
Certainly.

Natürlich.

Receptionist:
Here is your room key, number eight hundred and seventeen. Enjoy your stay.

Hier ist Ihr Zimmerschlüssel, Nummer 817.
Einen schönen Aufenthalt.

Andreas:
I'd just like to know:
Is breakfast included?

Ich würde gerne noch wissen:
Ist das Frühstück inbegriffen?

Receptionist:
Yes, sir. A full English breakfast is included.
One moment, please.
The bellboy will show you to your room.

Ja. Ein vollständiges englisches Frühstück ist inbegriffen.
Einen Moment, bitte.
Der Page wird Sie zu Ihrem Zimmer führen.

Registration form   Anmeldeformular

Name/First name
Name/Vorname

Home address/Street/Number
Wohnort/Straße/Nummer

Nationality
Nationalität

Profession
Beruf

Date/Place of birth
Geburtsdatum/Geburtsort

Coming from/Going to
Letzter Aufenthaltsort/Reiseziel

Passport number
Paßnummer

Registration number of car
Kraftfahrzeugnummer

Place/Date
Ort/Datum

Signature
Unterschrift

As he says this, he presses a buzzer. A young man hurries in wearing a brownish-golden uniform with a round cap cheekily perched on his head.

Indem er dies sagt, drückt er eine Klingel und ein junger Mann kommt herbeigeeilt in braun-goldener Uniform mit einem runden Käppchen keck auf dem Kopf.

Bellboy:
May I help you?

Kann ich Ihnen helfen?

Andreas:
Yes, please.

Ja, bitte.

Bellboy:
Is this your suitcase?

Ist dies Ihr Koffer?

Andreas:
Yes!

Ja!

Bellboy:
Follow me to the lift, please.

Folgen Sie mir bitte zum Lift.

5   In the hotel room

1 table
2 chair
3 armchair
4 writing desk
5 bed*
6 fridge
7 minibar
8 lamp
9 carpet
10 curtain
11 radiator
12 chest of drawers
13 pillow
14 bedside table
15 eiderdown
16 sheet
17 blanket
18 TV set

*double bed
queen size – 140 cm
king size – 190 cm

In the bathroom

1 toothbrush
2 toothpaste
3 shampoo
4 tap
5 soap
6 towel
7 washbasin
8 mirror
9 shaver
10 shaver point
11 hair dryer
12 shower
13 toilet paper
14 toilet
15 bath

And up goes the glass lift. The room is beautiful and has a view overlooking Hyde Park. The bellboy shows Andreas around the room.

Und hoch geht es im gläsernen Fahrstuhl. Das Zimmer ist schön und mit Blick auf den Hyde Park. Der Page zeigt Andreas das Zimmer.

Bellboy:
Here are the light switches.
That's the air-conditioning.
There is the bathroom.
That's the wardrobe, and this is the TV. Look, this is how you turn it on.

Hier sind die Lichtschalter.
Das ist die Klimaanlage.
Dort ist das Badezimmer.
Das ist der Kleiderschrank, und das ist der Fernseher.
Schauen Sie, so schaltet man ihn ein.

Andreas:
Thank you very much.

Danke sehr.

He gives him fifty pence. The bellboy smiles sheepishly.

Er gibt ihm fünfzig Pence.
Der Page lächelt verhalten.

Bellboy:
Thank you, sir.
Enjoy your stay.

Danke.
Einen schönen Aufenthalt.

Andreas realizes the tip was too small.

Andreas wird klar, daß das Trinkgeld zu wenig war.

Andreas has one hour until his appointment. Suddenly he looks down at his suit and sees the coffee stains. He quickly goes to the phone and calls the room service.

Bis zu seiner Verabredung hat Andreas eine Stunde Zeit. Plötzlich schaut er an seinem Anzug hinunter und sieht die Kaffeeflecken. Schnell geht er ans Telefon und ruft den Zimmerservice.

Room service:
Room service.
Can I help you?

Zimmerservice.
Kann ich Ihnen behilflich sein?

Andreas:
This is room number eight one seven.
I urgently need a suit dry-cleaned, please.

Hier ist Zimmer Nummer 817.
Ich brauche bitte dringend eine chemische Reinigung für meinen Anzug.

6 **What time is it?**   **Wieviel Uhr ist es?**

It's seven o'clock.

five past seven

a quarter past seven

half past seven

twenty to eight

a quarter to eight

midnight

midday/noon

Hang outside the door.   **Außen an die Türe hängen.**

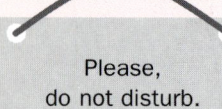

Please,
do not disturb.

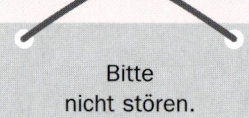

Bitte
nicht stören.

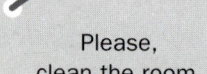

Please,
clean the room.

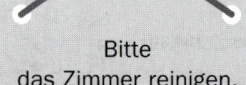

Bitte
das Zimmer reinigen.

Room service:

I will send somebody immediately to pick up your suit. Please have it ready. Can you tell me your room number again, please?

Ich werde Ihnen sofort jemanden schicken, um den Anzug zu holen. Bitte halten Sie ihn bereit. Können Sie mir Ihre Zimmernummer bitte nochmal sagen?

Andreas:

Eight one seven. When will the suit be ready?

817. Wann wird der Anzug fertig sein?

Room service:

Tomorrow morning at eight o'clock.

Morgen früh um acht Uhr.

Andreas:

Great, thank you.

Sehr gut, danke.

He quickly takes off his suit, just as there is a knock at the door.

Schnell zieht er den Anzug aus, da klopft es auch schon an der Tür.

7 **Clothes** | **Kleidung**

coat	Mantel
hat	Hut
cap	Mütze
gloves	Handschuhe
scarf	Schal
cardigan	Strickjacke
jumper/sweater	Pullover
trousers	Hose
track/jogging suit	Jogging Anzug
pyjamas	Schlafanzug
underwear	Unterwäsche
women's clothes	**Damenkleidung**
dress	Kleid
skirt	Rock
blouse	Bluse
shawl	Schal
stockings	Strümpfe
tights	Strumpfhose
briefs/knickers/panties	Slip
bra	BH
nightdress	Nachthemd
men's clothes	**Männerkleidung**
suit	Anzug
jacket	Jackett
waistcoat	Weste
tie	Krawatte
braces	Hosenträger
socks	Socken
vest	Unterhemd
briefs/underpants	Unterhose

8 **Complaints** | **Beanstandungen**

I'm sorry, but …	Es tut mir leid, aber …
The room hasn't been cleaned.	Das Zimmer ist nicht gereinigt worden.
There isn't any …	Es fehlt …
soap.	Seife.
toilet paper.	Toilettenpapier.
There aren't any towels.	Es fehlen Handtücher.
The window doesn't …	Das Fenster läßt sich nicht …
shut.	schließen.
open.	öffnen.

Andreas:
Just a moment, please.

He rushes to his suitcase and looks for his dressing gown. There is another knock.

Andreas:
Just a moment, please.

He hastily puts on his dressing gown and opens the door. A girl is standing in front of him.

Room service:
Room service, sir. You have some dry cleaning.

Andreas:
Yes, this suit.

Room service:
Certainly, sir. Could you just write your name on this form, please.

Andreas:
Here you are.
It is very urgent.
By the way, it's so cold in the room but I can't turn off the air-conditioning.

Room service:
Let me help you.
It's quite easy.

After she has turned off the air-conditioning, he puts three pounds in her hand. She blushes.

Room service:
Thank you very much! Your suit will be ready tomorrow morning at eight o'clock.

Andreas:
Einen Moment, bitte.

*Er eilt zu seinem Koffer und sucht nach seinem Bademantel.
Da klopft es noch einmal.*

Andreas:
Einen Moment, bitte.

*Hastig zieht er seinen Bademantel an und öffnet die Tür.
Vor ihm steht ein Mädchen.*

Room service:
Zimmerservice, Sie haben etwas zum Reinigen.

Andreas:
Ja, diesen Anzug.

Room service:
Selbstverständlich. Könnten Sie nur bitte Ihren Namen auf dieses Formular schreiben.

Andreas:
Bitte schön.
Es ist sehr dringend.
Übrigens, es ist so kalt im Zimmer, aber ich kann die Klimaanlage nicht abstellen.

Room service:
Darf ich Ihnen helfen?
Es geht ganz leicht.

*Nachdem sie die Klimaanlage abgestellt hat, drückt er ihr drei Pfund in die Hand.
Sie errötet.*

Room service:
Danke sehr! Ihr Anzug wird morgen früh um acht Uhr fertig sein.

9

How are you?	Wie geht es Ihnen?
Fine, thanks.	Danke, gut.
And you?	Und Ihnen?
Very well, thank you.	Sehr gut, danke.

fine	gut
quite well	ziemlich gut
not too bad	nicht so schlecht
terrible/lousy	schrecklich/grauenhaft

I'm sorry to hear that.	**Das tut mir leid.**
I'm glad to hear that.	**Das freut mich.**
Oh, good.	Oh, gut!

Wishes	**Wünsche**
Get well soon.	Gute Besserung.
I hope you'll get better soon.	Ich hoffe, es geht dir bald wieder besser.
All the best.	Das Beste.
Good luck.	Viel Glück.
Have fun.	Viel Spaß.
Congratulations.	Gratulation.

At the reception desk	**An der Rezeption**
I have an appointment with Mr/Mrs ...	Ich habe eine Verabredung mit Herrn/Frau ...
Could you kindly inform him/her ...	Könnten Sie ihn/sie bitte informieren, ...
that I'm in the lobby.	daß ich in der Hotelhalle bin.
that I'm waiting.	daß ich warte.
I'd like to leave a note for Mr/Mrs ...	Ich möchte eine Nachricht für Herrn/Frau ... hinterlassen.
Any message for me?	Ist eine Nachricht für mich da?

He still has half an hour before he has to leave and his thoughts wander to Joy. Forty-eight hours to go until he sees her again. The phone rings and, somewhat startled, he picks up the receiver.

Er hat noch eine halbe Stunde Zeit, ehe er weg muß, und seine Gedanken wandern zu Joy. Noch achtundvierzig Stunden, bis er sie wiedersehen wird. Da klingelt das Telefon, leicht erschrocken nimmt er den Hörer ab –

Andreas:
Room eight one seven.

Zimmer 817.

Morgan:
Morgan here. Good evening and welcome to London, Mr Steinberger.

Hier Morgan. Guten Abend und willkommen in London, Herr Steinberger.

Andreas:
Good evening, Mr Morgan. How are you?

Guten Abend, Herr Morgan. Wie geht es Ihnen?

Morgan:
Very well, thank you. How are you?

Sehr gut, danke. Wie geht es Ihnen?

Andreas:
Fine, thanks. Where are you?

Gut, danke. Wo sind Sie?

Using the telephone | Telefonieren

Hello, this is George Morgan. Could I speak to Mr Steinberger, please?

Hallo, hier ist George Morgan. Kann ich bitte mit Herrn Steinberger sprechen?

Just a moment, please.
I'm sorry, the number is engaged.
Please, hold the line.

Moment, bitte.
Es tut mir leid, die Nummer ist besetzt.
Bitte bleiben Sie am Apparat.

He is not here at the moment. Can I leave a message?

Er ist im Moment nicht da. Kann ich eine Nachricht hinterlassen?

Could you tell him that Mr Morgan (tele-)phoned/called and ask him to call me back at this number ...?

Können Sie ihm ausrichten, daß Herr Morgan angerufen hat und ihn bitten, mich zurückzurufen unter der Nummer ...?

Can you ...
    repeat
    spell
your name, please?
Sure/Certainly.
Speaking.

Können Sie bitte Ihren Namen ...
    wiederholen?
    buchstabieren?
Natürlich.
Am Apparat.

In the telephone box | In der Telefonzelle

Pick up receiver.
Insert coins.
Insert phonecard.
Please wait.
Please dial.
For money back hang up.

Hörer abnehmen.
Münzen einwerfen.
Telefonkarte eingeben.
Bitte warten Sie.
Bitte wählen Sie die Nummer.
Zur Geldrückgabe Hörer einhängen.

To extend call after warning tone insert more money.

Zur Fortsetzung des Gesprächs nach dem Signalton Geld einwerfen.

All unused coins refunded.

Geldrückgabe.

Morgan:
I'm in my car in a traffic jam. I'll be with you in about 45 minutes. I'm sorry that I'll be late.

Ich bin in meinem Auto im Stau. Ich werde in etwa 45 Minuten bei Ihnen sein. Es tut mir leid, daß ich mich verspäte.

Andreas:
Don't worry. See you soon.

Machen Sie sich keine Gedanken. Bis bald.

So far he has managed quite well with his English, Andreas thinks. But he is quite nervous about this evening. A short time later the phone rings again.

So weit ging es ja ganz gut mit seinem Englisch, denkt Andreas. Aber vor diesem Abend hat er doch etwas »Bammel«. Kurze Zeit später klingelt das Telefon wieder.

Andreas:
Hello.

Hallo.

Morgan:
Morgan here, I've made it. I'm in the lobby, near the reception desk.

Hier Morgan. Ich habe es geschafft. Ich bin in der Hotelhalle, in der Nähe der Rezeption.

Andreas:
I'll be down in a minute.

Ich werde gleich unten sein.

As Andreas looks around the lobby, he sees a distinguished-looking, elegant gentleman walking towards him.

Als Andreas sich in der Hotel-halle umschaut, sieht er einen distinguiert aussehenden, eleganten Herrn auf sich zukommen –

Morgan:
Mr Andreas Steinberger?

Herr Andreas Steinberger?

Andreas:
That's right.

Richtig.

Morgan:
Good evening.
Sorry for being late.
I'm George Morgan.
Nice to meet you.

Guten Abend.
Es tut mir leid, daß ich mich verspätet habe.
Ich bin George Morgan.
Schön, Sie kennenzulernen.

10 **International**   **Internationales**
Spelling System   **Buchstabiersystem**

Amsterdam, **B**altimore, **C**asablanca,
Denmark, **E**dison, **F**lorida,
Gallipoli, **H**avanna, **I**taly,
Jerusalem, **K**ilogram, **L**iverpool,
Madagascar, **N**ew York, **O**slo,
Paris, **Q**uebec, **R**oma,
Santiago, **T**ripoli, **U**psala,
Valencia, **W**ashington, **X**anthippe,
Yokohama, **Z**ürich

Andreas:
Nice to meet you!
How are you, Mr Morgan?

Ganz meinerseits.
Wie geht es Ihnen,
Herr Morgan?

Morgan:
Very well, thank you.
Did you have a pleasant trip?

Sehr gut, danke.
Haben Sie eine angenehme
Reise gehabt?

Andreas:
Yes, thank you.

Ja, danke.

Morgan:
I've booked a table at a
restaurant not far from here.
We can walk.

Ich habe einen Tisch in
einem Restaurant nicht weit
von hier bestellt.
Wir können zu Fuß gehen.

1 | **I'd like to book a table for two for tonight, please.** | **Ich möchte gerne einen Tisch für zwei Personen für heute abend bestellen.**

Could we have a table ... | Können wir einen Tisch ...
   next to the window? | am Fenster
   on the terrace? | auf der Terrasse
   outside? | draußen
   in the corner? | in der Ecke
   in the non-smoking section? | im Nichtraucherbereich haben?

Do you have a table for two? | Haben Sie einen Tisch für zwei?
Yes, we do. | Ja.
I'm sorry. We don't. | Es tut mir leid. Wir haben keinen.

Is this table/chair free? | Ist dieser Tisch/Stuhl frei?
Yes, it is. | Ja.
No, it's been taken. | Nein, er ist besetzt.

Excuse me, could you tell me where the ... | Entschuldigen Sie, können Sie mir sagen, wo die ...
   toilets are? | Toiletten sind?
   Ladies are? | Damentoiletten sind?
   Gents are? | Herrentoiletten sind?
   cloakroom is? | Garderobe ist?

Do you mind if I smoke? | Macht es Ihnen etwas aus, wenn ich rauche?

Could you pass me the ashtray, please? | Können Sie mir bitte den Aschenbecher geben?

Can you recommend a good restaurant near here? | Können Sie mir ein gutes Restaurant in der Nähe empfehlen?

Is there an inexpensive restaurant near here? | Gibt es hier in der Nähe ein preiswertes Restaurant?

Soon afterwards they are in a small, elegant restaurant. The waiter greets them –

Waiter:
Good evening!
May I help you?

Morgan:
I've made a reservation for two.
My name is Morgan.

Waiter:
Please follow me.

Bald darauf sind sie in einem kleinen, eleganten Restaurant. Der Ober begrüßt sie –

Guten Abend!
Kann ich Ihnen behilflich sein?

Ich habe einen Tisch für zwei Personen bestellt.
Mein Name ist Morgan.

Bitte folgen Sie mir!

2 Aperitifs

Sherry
Campari Soda
Campari Orange
Martini
Whisky
Gin and Tonic
Sherry dry
      half dry
Martini

Do you have any soft drinks?	Haben Sie alkoholfreie Getränke?
I'd like a soft drink.	Ich hätte gerne ein alkoholfreies Getränk.
What have you got?	Was haben Sie?
We have ...	Wir haben ...
all kinds of fruit juice.	alle Sorten von Obstsäften.
cocktails of fresh fruit juice.	Cocktails aus frischen Obstsäften.
lemonade.	Limonade.
mineral water.	Mineralwasser.

They get a table in a corner from which Andreas has a good view of the room. The waiter comes with the wine list and Mr Morgan asks –

Sie bekommen einen Tisch in einer Ecke, von wo aus Andreas das Lokal gut überblicken kann. Der Ober kommt mit der Weinkarte und Herr Morgan fragt –

Morgan:
Would you like an aperitif?

Möchten Sie einen Aperitif?

Andreas:
Yes, please. A Martini, make it a dry one.

Ja, bitte, einen Martini, einen trockenen.

Morgan:
And for me, a whisky on the rocks, please.
...
Cheers!

Und für mich Whisky mit Eis, bitte.
...
Prost!

Andreas:
Cheers, Mr Morgan.

Prost, Herr Morgan.

Morgan:
Andreas, do call me George. Here in England we're less formal and drop surnames very quickly.

Andreas, nennen Sie mich George. Hier in England sind wir weniger formell und lassen sehr schnell die Familiennamen fallen.

Morgan catches the waiter's eye –

Morgan macht den Ober auf sich aufmerksam –

Morgan:
Could we have the menu, please?

Könnten wir bitte die Speisekarte haben?

Andreas studies the menu carefully.
After a while –

Andreas studiert die Speisekarte gründlich.
Nach einer Weile –

Waiter:
Are you ready to order?

Haben Sie gewählt?

Andreas:
Can you recommend something?

Können Sie etwas empfehlen?

SPEISEKARTE

Vorspeisen
Krabbencocktail
Schinken und Melone
Geräucherter Lachs auf Toast
Auswahl an Austern
Avocado mit frischem Krebsfleich
Gemüsesuppe

Tagessuppe:
Brunnenkressesuppe

Gemischter Salat

Hauptspeisen
Lammkoteletts mit Minzsoße
Rinderbraten mit Yorkshire Pudding
Gebratenes Hähnchen
Nieren und Pilzpastete
Steak
Wildpastete
Wild vom Rost mit Portwein und Johannisbeergelee

Gegrillte Dover Seezunge
Schottischer Wildlachs

Beilagen
Spinat
Grüne Bohnen
Erbsen
Rosenkohl
Karotten
Broccoli
Kartoffeln

Nachspeisen
Apfelkuchen
Biskuitdessert mit Obst und Vanillecreme,
in Sherry getränkt
Baisertorte
Mousse au Chocolat
Salat aus frischen Früchten
Verschiedene hausgemachte Eiscremesorten

Käse auf Toast, gegrillt
Auswahl an englischen Käsesorten mit Gebäck
Kaffee oder Tee

MENU

Starters
Shrimp Cocktail
Ham and melon
Smoked salmon on toast
Selection of oysters
Avocado with fresh crab
Vegetable soup

Soup of the day:
Watercress soup

Mixed Salad

Main dishes
Lamb chops with mint sauce
Roast beef with Yorkshire pudding
Fried chicken
Kidney and mushroom pie
Steak
Game pie
Grilled game served with Port and red currant jelly

Grilled Dover sole
Wild Scottish salmon

Side dishes
Spinach
Green beans
Peas
Brussels sprouts
Carrots
Broccoli
Potatoes

Desserts
Apple pie
Sherry trifle
Meringue pie
Chocolate mousse
Fresh fruit salad
Homemade ice creams

Welsh Rarebit
Selection of English cheeses with biscuits
Coffee or tea

4 order — bestellen

order	bestellen
I'd like/I'll have ...	Ich hätte gerne ...
I'll take ...	Ich nehme ...
Could you bring me ...	Könnten Sie mir bitte ...
some more water,	noch Wasser
another table napkin,	noch eine Serviette
please?	bringen.
Could you pass me ...	Könnten Sie mir bitte ...
the salt,	das Salz
the pepper,	den Pfeffer
please?	reichen?

Here you are.	Bitte schön.
Thank you.	Danke.

5

Salad	Salat
green salad	grüner Salat
tomato salad	Tomatensalat
mixed salad	gemischter Salat

Dressings	Salatsaucen
Blue Cheese dressing	*mit Blauschimmelkäse*
French dressing	*mit Essig und Öl*
Thousand Island dressing	*auf Mayonnaisebasis mit Chilli, Paprika, Petersilie (leicht scharf)*

Vegetables	Gemüsesorten
asparagus	Spargel
beans	Bohnen
Brussels sprouts	Rosenkohl
cabbage	Kohl
cauliflower	Blumenkohl
celery	Sellerie
courgette	Zucchini
cucumber	Gurke
garlic	Knoblauch
leek	Lauch
lettuce	Kopfsalat
onion	Zwiebel
peas	Erbsen
potato	Kartoffel
red/green pepper	roter/grüner Paprika
spinach	Spinat
tomato	Tomate

Waiter:
How about roast beef with Yorkshire pudding? It's a traditional English dish.

Wie wäre es mit Rinderbraten und Yorkshire Pudding? Das ist ein traditionelles englisches Gericht.

Morgan:
Yorkshire pudding is made out of batter, a pancake mixture. Poor people used to eat it to still their hunger before their small Sunday roast.

»Yorkshire Pudding« wird aus »batter«, einer Pfannkuchenteigmischung, gemacht. Die armen Leute haben das früher gegessen, um vor ihrem bescheidenen Sonntagsbraten ihren Hunger zu stillen.

Andreas:
That's a good idea. I'll start with smoked salmon. And then I'll take the roast beef with Yorkshire pudding, peas and roast potatoes.

Das ist eine gute Idee. Ich beginne mit geräuchertem Lachs. Und dann nehme ich das Roastbeef mit Yorkshire Pudding, Erbsen und Röstkartoffeln.

Morgan:
I'd like a shrimp cocktail followed by lamb chops, new potatoes, green beans and mint sauce. And a bottle of your red house wine, please.

Ich hätte gerne einen Krabbencocktail und dann Lammkotelett, neue Kartoffeln, grüne Bohnen und Minzsauce. Und eine Flasche von Ihrem roten Hauswein, bitte.

The food is better than Andreas had imagined it would be. And Mr Morgan shows Andreas that he has to place one pound on the trolley where the roast beef is being sliced by the chef.

Das Essen ist besser, als Andreas es sich vorgestellt hatte. Und Herr Morgan zeigt Andreas, daß er ein Pfund auf den Servierwagen legen muß, wo das Roastbeef vom Küchenchef aufgeschnitten wird.

Chef:
Well done, medium or rare?

Durchgebraten, halb durchgebraten oder roh?

Meat	**Fleisch**
bacon	Speck
beef	Rind
chicken	Hühnchen
ham	Schinken
lamb	Lamm
pork	Schwein
sausages	Würstchen
steak	Steak
rare	roh, blutig
medium	mittel
well done	durchgebraten
turkey	Truthahn

Fish, shellfish	**Fisch, Schalentiere**
cod	Kabeljau
kipper	Räucherhering *(zum Frühstück)*
lobster	Hummer
prawns	Krabben
salmon	Lachs
shrimps	Garnelen
sole	Seezunge
trout	Forelle
whiting	Merlan

baked	im Ofen gebacken
fried	gebraten
roasted	gebraten
deep fried	im schwimmenden Fett gebraten
grilled	gegrillt
smoked	geräuchert
stewed	geschmort
breaded	paniert
poached	pochiert
stuffed	gefüllt
minced	gehackt
boiled	gekocht
larded	gespickt
barbecued	über Holzfeuer gegrillt

Andreas:
Well done, please.

*And the chef cuts him a few
very thin slices from the end
of the huge roast.*

Andreas:
Thank you.

Chef:
Thank you, sir!

*The chef puts the pound in his
pocket.*

Morgan:
This is an old tradition in
this restaurant.

Durchgebraten, bitte.

*Und der Küchenchef schneidet
ihm vom Ende des riesigen
Bratens ein paar hauchdünne
Scheiben ab.*

Danke.

Ich danke Ihnen!

*Der Küchenchef steckt das
Pfund in seine Tasche.*

Das ist eine alte Tradition in
diesem Restaurant.

Fruit	**Obst**
apple	Apfel
banana	Banane
bilberry/blueberry	Blaubeere
blackberry	Brombeere
cranberry	Preiselbeere
grapes	Weintrauben
peach	Pfirsich
pear	Birne
pineapple	Ananas
plum	Pflaume
raspberry	Himbeere
strawberry	Erdbeere

At the end of the meal, the waiter comes by with a trolley full of the finest desserts and fruits.

Waiter:
Would you like a dessert, gentlemen?

Andreas:
What a selection.

Waiter:
Our apple pie is excellent, so is our sherry trifle and chocolate mousse.

Andreas points to the meringue pie.

Andreas:
I'd like that.

Waiter:
Excellent choice, sir.
This is our famous meringue pie.
And you, sir?

Morgan:
For me Welsh Rarebit, please.

Andreas cannot believe his ears; now the Englishman is going to eat a rabbit from Wales. His astonishment must be written all over his face because Mr Morgan explains to him, smiling –

Morgan:
Not a rabbit but rarebit.
It is a grilled cheese mixture on toast. I prefer savoury to sweet dishes at the end of a meal.

Zum Schluß kommt der Ober mit einem Servierwagen voll der feinsten Nachspeisen und Früchte.

Hätten Sie gerne einen Nachtisch, meine Herren?

Was für eine Auswahl.

Unser Apple Pie ist ausgezeichnet, ebenso unser Sherry-Trifle und unsere Schokoladen-Mousse.

Andreas zeigt auf die Baisertorte.

Ich hätte gerne das da.

Sie haben sehr gut gewählt.
Das ist unsere berühmte Baisertorte.
Und für Sie?

Für mich »Welsh Rarebit«, bitte.

Andreas traut seinen Ohren nicht, jetzt ißt der Engländer noch Kaninchen aus Wales. Sein Erstaunen muß ihm wohl im Gesicht stehen, denn Herr Morgan erklärt ihm lächelnd –

Nicht ein »rabbit« (Hase), sondern ein »rarebit«.
Das ist eine gegrillte Käsemischung auf Toast. Ich esse lieber Pikantes als Süßes am Ende einer Mahlzeit.

6 ▶I'd like to pay. | **Ich hätte gerne bezahlt.**

I'd like to pay.	Ich hätte gerne bezahlt.
All together, please.	Alles zusammen, bitte.
Separate bills, please.	Getrennte Rechnungen, bitte.
Let's go Dutch.	Teilen wir uns die Rechnung.
I think there's a mistake in the bill.	Ich glaube, in der Rechnung ist ein Fehler.
We didn't have that.	Das haben wir nicht gehabt.
Is service included?	Ist die Bedienung inbegriffen?
Do you accept Eurocheques?	Nehmen Sie Euroschecks?
Can I pay with this credit card?	Kann ich mit dieser Kreditkarte zahlen?
That's for you.	Das ist für Sie.
Keep the change.	Behalten Sie das Kleingeld.
Did you enjoy your meal?	Hat es Ihnen geschmeckt?
The food was ...	Das Essen war ...
excellent.	ausgezeichnet.
delicious.	köstlich.

Tipping in England   **Trinkgelder in England**

travel guide	50 p – 1 £	Reiseleiter
room maid	1 – 2 £/week	Zimmermädchen
room service	50 p	Zimmerservice
waiter/waitress *(if not included)*	10 %	Kellner/Kellnerin *(falls nicht im Preis inbegriffen)*
hairdresser	10 – 15 %	Friseur
taxi	10 – 15 %	Taxi
porter	20 p/piece of luggage	Gepäckträger/ pro Gepäckstück
cloakroom	20 p	Garderobe
toilet	20 p	Toilette

When it comes to paying, Morgan signals to the waiter –

Morgan:
Could I have the bill, please?

It is handed to him discreetly inside a folder.

...

Back in the hotel, Andreas thanks his host –

Andreas:
Thank you for an enjoyable evening.

Morgan:
My pleasure. I'm glad you enjoyed it.
I'll send the car to collect you at nine o'clock tomorrow morning.
Good night.

Andreas:
Good night, see you tomorrow.

*Phew, Andreas thinks as he enters his room. That wasn't so bad!
But already his thoughts wander to Joy's blue eyes: if only it were Thursday already!*

Als es ans Zahlen geht, gibt Morgan dem Ober ein Zeichen –

Kann ich bitte die Rechnung haben?

Dezent wird sie ihm in einer Mappe überreicht.

...

Wieder im Hotel, dankt Andreas seinem Gastgeber –

Danke für einen angenehmen Abend.

Gern geschehen. Es freut mich, wenn es Ihnen gefallen hat.
Ich lasse Sie morgen früh um neun Uhr mit dem Auto abholen.
Gute Nacht.

Gute Nacht, bis morgen.

Puh, denkt Andreas, als er in sein Zimmer kommt. Das war ja gar nicht so schlimm! Aber schon wandern seine Gedanken zu Joys blauen Augen: Wenn es doch nur schon Donnerstag wäre!

1 What's on in London? | Veranstaltungen in London

musicals	Musicals
shows	Shows
operas	Opern
concerts	Konzerte
theatre	Theater
cabaret	Kabaret
ballet	Ballett
cinema	Kino
exhibitions	Ausstellungen
markets	Märkte
church services	Gottesdienste

*The next day time flies.
He has finally completed his
business and now it's time
for pleasure. It is Thursday,
ten minutes to 7 and Andreas
is standing in the hotel lounge.
For the third time he asks at
the reception desk –*

Andreas:
Any message for room eight
one seven, please?

Receptionist:
Let me check, sir.
I'm sorry … no message.

Andreas:
Thank you.

*He is happy that Joy and her
brother have not cancelled
their appointment. So he
drops into an easy-chair and
waits. On the table next to
him he notices a small pam-
phlet »What's on in London«.
He looks through it and reads
about the different art exhibi-
tions: Tibetan paintings at
the Royal Academy, Pierre
Bonnard at the Hayward
Gallery, Pablo Picasso at the
Tate Gallery and many more.
A few pages further on he
comes across the theatre guide.
What a selection!
His glance falls upon
»Private Lives« by Noel
Coward. He wonders whether
it's difficult to get tickets for
this play.*

*He walks quickly over to the
reception desk and asks –*

*Der nächste Tag vergeht wie
im Flug. Endlich hat er seine
Geschäfte abgewickelt, und
jetzt kommt das Vergnügen.
Es ist Donnerstag zehn
Minuten vor sieben Uhr
abends, und Andreas steht in
der Hotelhalle. Zum dritten
Mal fragt er beim Empfang –*

Irgendeine Nachricht für
Zimmer 817, bitte?

Lassen Sie mich nachsehen.
Es tut mir leid, keine
Nachricht.

Danke.

*Er freut sich, daß Joy und ihr
Bruder die Verabredung nicht
abgesagt haben. So läßt er
sich in einen Sessel fallen und
wartet. Auf dem Tisch neben
ihm sieht er eine kleine
Broschüre »Was ist in London
geboten«. Er schaut sie durch
und liest über die verschiedenen Kunstausstellungen:
Tibetanische Malerei in der
Royal Academy, Pierre Bonnard in der Hayward-Galerie,
Pablo Picasso in der Tate-
Galerie und vieles mehr. Ein
paar Seiten weiter stößt er auf
den Theaterführer. Was für
eine Auswahl! Sein Blick fällt
auf »Private Lives« von
Noel Coward. Er möchte
gerne wissen, ob es schwer ist,
Karten dafür zu bekommen.*

*Schnell geht er zur Rezeption
und fragt –*

At the cinema/theatre · Im Kino/Theater

At the cinema/theatre	Im Kino/Theater
What's on tonight?	Was wird heute abend gezeigt?
Can you recommend a show (film/play)?	Können Sie eine Veranstaltung (Film/Theaterstück) empfehlen?
Can I have two tickets for tonight (Friday)?	Kann ich zwei Karten für heute abend (Freitag) haben?
One adult, please.	Ein Erwachsener, bitte.
How much are the tickets?	Wieviel kosten die Karten?
What time does it ...	Wann ...
start?	fängt es an?
finish?	hört es auf?
Where can I buy a programme?	Wo kann ich ein Programm kaufen?
I'd like to collect some reserved tickets.	Ich möchte zurückgelegte Karten abholen.
My name is ...	Mein Name ist ...

1 stalls	Parkett
2 dress circle/balcony	erster Rang/Balkon
3 upper circle	zweiter Rang
4 gallery	oberster/dritter Rang
5 box	Loge

Andreas:
Good evening. Could you book two tickets for »Private Lives« for me, please?

Receptionist:
Of course, sir. Which day do you have in mind?

Andreas:
Saturday, if possible.

Receptionist:
Matinée or evening performance?

Andreas:
Evening, please. What time does it start?

Receptionist:
At 8 p.m. Where would you like to sit? Stalls, box, dress circle, upper circle?

Guten Abend. Könnten Sie bitte für mich zwei Karten für »Private Lives« bestellen?

Natürlich. An welchen Tag denken Sie?

Samstag, wenn möglich.

Matinée- oder Abendvorstellung?

Abendvorstellung, bitte. Wann beginnt sie?

Um acht Uhr. Wo möchten Sie sitzen? Parkett, Loge, erster Rang, zweiter Rang?

4 **Bank**

Bank	**Bank**
I'd like to …	Ich würde gerne …
change German marks.	Deutsche Mark wechseln.
cash a Eurocheque.	einen Euroscheck einlösen.
Can I cash a traveller's cheque here?	Kann ich hier einen Traveller-scheck einlösen?
Can I see your passport, please?	Kann ich bitte Ihren Reisepaß sehen?
In small/large notes, please.	In kleinen/großen Scheinen, bitte.
Some small change, too, please.	Auch etwas Kleingeld, bitte.
Where can I withdraw money with an EC card?	Wo kann man Geld mit einer Euroscheckkarte abheben?

Cash dispenser	**Geldautomat**
Please insert your card.	Bitte Karte einschieben.
Please tap in your personal number.	Bitte Geheimzahl eingeben.
Please wait a moment.	Einen Moment, bitte.
We are dealing with your request.	Wir bearbeiten Ihren Auftrag.
Enter the total amount of cash you want.	Gewünschten Geldbetrag eingeben.

5 **Letters and postcards**

Letters and postcards	**Briefe und Postkarten**
Dear Joy,	Liebe Joy,
Dear Mr/Mrs/Ms Brown,	Sehr geehrte/r Herr/Frau …,
Dear Sir or Madam,	Sehr geehrte Damen und Herren,
	Im Schriftverkehr wird in den letzten Jahren statt Mrs oder Miss fast nur noch Ms [mis – mit weichem »s«] verwendet.
Love/Lots of love,	Alles Liebe, *(bei Familie und Freunden)*
Best wishes/Best regards/Yours,	Mit guten Wünschen/Beste Grüße/Dein(e)/Ihr(e) *(bei Bekannten)*
Yours sincerely,	Mit freundlichen Grüßen *(bei Geschäftsbriefen)*

Andreas:
Dress circle, please.
I'd like to confirm the
booking the day after
tomorrow.

Erster Rang, bitte.
Ich möchte die Bestellung
übermorgen bestätigen.

Receptionist:
Yes, but not later than
11 a.m.

Ja, aber nicht später als
elf Uhr.

Andreas:
That's OK.
Oh, before I forget: I'd like
to change 200 German
marks into pounds.

Das ist in Ordnung.
Oh, bevor ich es vergesse:
Ich würde gerne 200
Deutsche Mark in Pfund
wechseln.

Receptionist:
Certainly, sir. I can do that
for you.

Natürlich. Ich kann das für
Sie machen.

Andreas:
And do you have a stamp for
a postcard, please?

Und haben Sie eine Brief-
marke für eine Postkarte,
bitte?

Receptionist:
For which country?

Für welches Land?

Andreas:
Germany.

Deutschland.

Receptionist:
Here you are. You can post
the postcard in the letter-box
by the entrance.

Bitte schön. Sie können die
Postkarte in den Briefkasten
neben dem Eingang werfen.

*After having posted the post-
card, he looks at his watch.
7.15 p.m. and still no one
there. He gets nervous.
Right at that moment he sees
the bellboy drawing attention
to the board he is carrying.
On it are the words:
Mr Steinberger, message at the
reception desk.*

*Nachdem er die Postkarte
eingeworfen hat, schaut er
auf seine Uhr. Viertel nach
sieben und noch immer keiner
da. Er wird nervös.
In diesem Moment sieht er
den Pagen, der auf die Tafel
aufmerksam macht, die er
trägt. Auf ihr steht:
Herr Steinberger, Nachricht
am Empfang.*

5 23rd June, 1997
23 June 1997
June 13 1997
13/6/1997

geläufige Varianten,
das Datum zu schreiben

Post
How much is ...
  a letter
  a postcard
to Germany?
I'd like two 26 pence
stamps.

Post
Wieviel kostet ...
  ein Brief
  eine Postkarte
nach Deutschland?
Ich möchte zwei
Briefmarken zu 26 Pence.

6 **Excuse me,**
how do I get to ...
  Duke Street?
  the post office?
  the station?
  the nearest bank?

Entschuldigen Sie bitte,
wie komme ich ...
  in die Duke Street?
  zur Post?
  zum Bahnhof?
  zur nächsten Bank?

Go by ...
  tube/underground.
  cab/taxi.
  bus.
  car.
  bicycle.
on foot
You can walk.
Go straight ahead, until you
get to the ...
  next traffic light.
  first crossing.
  second crossroad.

Fahren Sie mit ...
  der U-Bahn.
  dem Taxi.
  dem Bus.
  dem Auto.
  dem Fahrrad.
zu Fuß
Sie können zu Fuß gehen.
Gehen Sie geradeaus,
bis Sie zur ...
  nächsten Ampel
  ersten Kreuzung
  zweiten Querstraße
kommen.

Then turn ...
  right.
  left.
Go along ... until you
get to ...
It's on your ...
  right.
  left.

Dann biegen Sie ...
  rechts ab.
  links ab.
Gehen Sie ... entlang, bis
Sie ... kommen.
Es ist ...
  rechts
  links
von Ihnen.

Andreas hurries to the reception desk.

Andreas eilt zum Empfang.

Andreas:

Do you have a message for me?
My name is Steinberger.

Haben Sie eine Nachricht für mich?
Mein Name ist Steinberger.

Receptionist:

Yes, one moment please, Mr Steinberger.
Here you are.

Ja, einen Moment bitte, Herr Steinberger.
Bitte schön.

Andreas reads:

Andreas liest:

To Mr A. Steinberger

An Herrn A. Steinberger

Please meet us at the »Prince of Wales«, a pub in Duke Street off Piccadilly Circus, at 7.30 p.m.
Sorry we are late.
Mike Woodlands

Bitte treffen Sie uns im »Prinzen von Wales«, einer Kneipe in der Duke Street, vom Piccadilly Circus abgehend, um 19.30 Uhr.
Es tut uns leid, daß wir uns verspätet haben.
Michael Woodlands

6 **Where is the nearest …**   **Wo ist der/die/das nächste …**

telephone box?	Telefonzelle?
chemist's?	Apotheker?
butcher's?	Metzger?
baker's?	Bäcker?
supermarket?	Supermarkt?
greengrocer's?	Gemüsehändler?
stationer's?	Schreibwarenhändler?
underground station?	U-Bahn-Haltestelle?
bus stop?	Bushaltestelle?
pub?	Kneipe?
restaurant?	Restaurant?

Andreas asks the receptionist –

Andreas fragt die Dame am Empfang –

Andreas:
How do I get to Duke Street?

Wie komme ich zur Duke Street?

Receptionist:
That's very easy.

Das ist ganz einfach.

Andreas:
Is it far?

Ist es weit?

Receptionist:
Not at all.
You can walk.
Look here is a map.
Go straight down Park Lane until you get to the traffic lights. That's Oxford Street. Turn right there. The fourth road on the left is Duke Street. You can't miss it. There is a pub at the corner.

Nein, gar nicht.
Sie können zu Fuß gehen.
Schauen Sie, hier ist ein Stadtplan.
Gehen Sie die Park Lane geradeaus hinunter bis Sie zur Ampel kommen. Das ist die Oxford Street. Dort biegen Sie rechts ab. Die vierte Straße links ist die Duke Street. Sie können sie nicht verfehlen. Dort ist ein Pub an der Ecke.

Andreas:
Thank you very much.

Vielen Dank.

Receptionist:
You're welcome.

Bitte schön.

…

…

In the pub he is greeted by a loud, happy buzz of voices. Tightly packed together, people are standing at the bar and drinking.

In der Kneipe empfängt ihn ein lautes, fröhliches Stimmengewirr. Dicht gedrängt stehen die Menschen an der Bar und trinken.

Mike:
Andreas, here!

Andreas, hier!

Andreas suddenly hears Mike's very deep voice. When he sees tall Mike and pretty little Joy, his heart jumps with delight, finally …

Andreas hört plötzlich Mikes sehr tiefe Stimme. Als er den großen Mike und daneben die hübsche, kleine Joy sieht, macht sein Herz einen Freudensprung, endlich …

7 | **Would you like ...** | **Möchtest du/Möchten Sie...**

another beer?	noch ein Bier?
anything else?	irgend etwas anderes?
Yes, one more beer, please.	Ja, bitte noch ein Bier.
The same again, please.	Dasselbe bitte noch einmal.
No, I'm fine. Thanks.	Nein, danke.

Pubs are the most important meeting points in England.	Pubs sind die wichtigsten Treffpunkte in England.
Unfortunately they close on Sundays at 10.30 p.m. and during the week at 11 p.m.	Leider schließen sie sonntags um halb elf abends und während der Woche um elf Uhr abends.

8

Bitter is a draught beer, which means it comes out of a barrel at room temperature. It is medium-brown in colour.	**Bitter** ist Bier vom Faß, das heißt, es kommt aus einem Holzfaß und hat Raumtemperatur. Es hat eine mittelbraune Farbe.
Stout is a sweet black beer, not cooled. The most famous is Guinness.	**Stout** ist ein süßes, schwarzes Bier, nicht gekühlt. Das berühmteste ist Guinness.
Lager is a light-coloured continental beer, served cold.	**Lager** ist ein helles, kontinentales Bier, das kalt serviert wird.

He works his way over to them. They greet each other happily and Mike asks –

Er arbeitet sich zu den beiden durch. Es gibt eine fröhliche Begrüßung, und Mike fragt –

Mike:
What would you like to drink?

Was würden Sie gerne trinken?

Andreas:
Beer, please.

Bier, bitte.

Mike:
Bitter, stout or lager?

»Bitter«, »Stout« oder »Lager«?

Andreas:
I'd like to try the bitter, please.

Ich würde gerne »Bitter« probieren.

Measures	Maße
1 pint	0,57 l
1 inch	2,54 cm
1 foot	30,48 cm
1 yard	91,44 cm
1 mile	1,61 km

Weights	Gewichte
1 ounce	28,35 g
1 pound	454,0 g

Different places to eat	Verschiedene Gaststätten, hier bekommt man:
buffet	Schnellimbiß
café/coffeehouse	Tee, Kaffee, Kuchen, Sandwiches und einfache Gerichte
fish and chip shop	gebackenen Fisch mit Salz und Essig und Pommes frites; auch zum Mitnehmen
grillroom	Grillgerichte
fast food restaurant	Hamburger und Salate
sandwich bar	viele Brotsorten mit verschiedenem Belag
snack bar	Imbisse und kleine Erfrischungen
steak house	Steakgerichte
takeaway	Essen zum Mitnehmen (oft chinesisch und indisch)
tea shop	alkoholfreie Getränke, Tee, Kaffee, leichte Gerichte
vegetarian restaurant	vegetarische Gerichte (grünes V im Fenster)
wine bar	Wein, alkoholische Getränke, belegte Brötchen und kleine Mahlzeiten

Mike:
Would you like a pint or half a pint?

Möchten Sie einen halben oder einen viertel Liter?

Andreas:
Half a pint, please.

Einen viertel Liter, bitte.

Mike turns to Joy.

Mike dreht sich zu Joy.

Mike:
What would you like?

Was hättest du gerne?

Joy:
Cider, please.

Cider, bitte.

Everybody:
Cheers!

Prost!

Joy and Mike toast Andreas.

Joy und Mike prosten Andreas zu.

Mike:
Great to see you again.
Have you had a good time so far?

Schön, Sie wiederzusehen.
Haben Sie bisher eine schöne Zeit gehabt?

Andreas:
Yes, I have. Thank you.
My business was very successful.
But now I really want to see London –
the city, the museums, the monuments.
I can hardly wait.

Ja, danke.
Geschäftlich war ich sehr erfolgreich.
Aber jetzt will ich wirklich London sehen –
die Innenstadt, die Museen, die Monumente.
Ich kann es kaum erwarten.

They talk and talk and Andreas notices how often Joy looks at him. Sparks fly between them. But, Mike continues chatting the whole time, noticing nothing or pretending not to.
The evening passes very quickly.
It's already very late when Andreas finally asks Joy –

Sie unterhalten sich angeregt, und Andreas merkt, wie Joy ihn oft ansieht. Funken sprühen zwischen ihnen. Doch Mike plaudert die ganze Zeit und merkt nichts, oder er tut wenigstens so.
Der Abend vergeht sehr schnell.
Es ist schon sehr spät, als Andreas endlich Joy fragt –

Andreas:
Would you like to go out with me on Saturday?

Hast du Lust, am Samstag mit mir auszugehen?

10 Where can I find ...
    ladies' wear?
    men's wear?
    toiletries?
    books and stationery?
    household goods?
    food?

Wo kann ich ...
    Damenkleidung
    Herrenkleidung
    Drogerieartikel
    Bücher und Schreibwaren
    Haushaltswaren
    Lebensmittel
finden?

---

on the ground floor
    first floor
    second floor
    top floor
in the basement

im Erdgeschoß
    ersten Stock
    zweiten Stock
    obersten Stock
im Tiefparterre

Joy blushes slightly.

Joy:
I'd love to.

Andreas:
Shall we meet in the hotel lobby at two o'clock?
We could walk to Harrods and later have tea there.

Joy:
A super idea and I can show you the biggest department store in England.

So they say goodnight, Andreas more in love than before.
Could Joy possibly be interested in him, too?

Joy errötet leicht.

Ja, das würde ich sehr gerne.

Sollen wir uns um zwei Uhr in der Hotelhalle treffen?
Wir könnten zu Harrods gehen und später dort Tee trinken.

Eine hervorragende Idee, und ich kann dir das größte Kaufhaus von England zeigen.

So verabschieden sie sich, Andreas verliebter denn je.
Ob Joy wohl auch Interesse an ihm hat?

1 | I ... | Ich tue etwas ... |
love	sehr gern.
like	gern.
don't like	ungern.
hate	sehr ungern.
doing something.	
I love travelling.	Ich reise sehr gern.
I'd like to do some shopping.	Ich würde gerne etwas einkaufen.

At 2 p.m. sharp Joy comes to the hotel to pick up Andreas. Because it is a warm, sunny spring day, they take a stroll through Hyde Park. The air smells of hyacinths, and the grass is full of blooming, yellow daffodils.

Pünktlich um zwei Uhr ist Joy im Hotel, um Andreas abzuholen. Da es ein warmer, sonniger Frühlingstag ist, schlendern sie durch den Hyde Park. Die Luft duftet nach Hyazinthen, und die Wiesen sind voller blühender gelber Narzissen.

Andreas:
How fantastic! What a wonderful park. You're so lucky to live in such a beautiful and interesting city.

Wie phantastisch! Was für ein wunderbarer Park. Du hast Glück, in einer so schönen und interessanten Stadt zu leben.

Joy:
Yes, you're right.
I love living here.

Ja, du hast recht.
Ich lebe sehr gern hier.

2

necklace	Kette
bracelet	Armband
brooch	Brosche
earring	Ohrring
watch	Armbanduhr
umbrella	Regenschirm
handbag	Handtasche

3

red	rot
white	weiß
yellow	gelb
green	grün
blue	blau
pink	rosa
black	schwarz
orange	orange
brown	braun

patterned	gemustert
striped	gestreift
checked	kariert
spotted	getupft
plain	einfarbig

This suits you.	**Das steht dir.**
I like this on you.	Ich mag das an dir.
You look great in that.	Du siehst großartig darin aus.
Thank you.	Danke.
I'm glad you like it.	Es freut mich, daß es dir gefällt.

It doesn't suit you.	**Es steht dir nicht.**
It doesn't fit.	Es paßt nicht.

Soon they are in Harrods and on the ground floor they are enveloped by the scent of exotic perfumes. A bit further on they are fascinated by the beautiful colours of the scarves on display. Andreas is determined to buy Joy a present.

Bald sind sie bei Harrods und werden im Erdgeschoß vom Duft exotischer Parfüms umhüllt. Ein paar Schritte weiter sind sie begeistert von den hübschen Farben der ausgestellten Tücher. Andreas will Joy unbedingt ein Geschenk kaufen.

Andreas:
I'd like to buy something nice for you.
What about a scarf?

Ich würde dir gerne etwas Schönes kaufen.
Was hältst du von einem Tuch?

Joy:
Andreas that's very kind, but you shouldn't.

Andreas, das ist sehr lieb, aber du solltest das nicht.

Andreas:
But I'd like to. What about this scarf?
The blue matches your eyes.
It's lovely and pure silk.

Aber ich möchte. Wie wäre es mit diesem Tuch?
Das Blau paßt zu deinen Augen.
Es ist hübsch und reine Seide.

Andreas takes it and holds it up to the light.
Joy is happy.

Andreas nimmt es und hält es nach oben ins Licht.
Joy freut sich.

Joy:
It is lovely.
I like it very much.
Thank you so much, Andreas.

Das ist sehr hübsch.
Es gefällt mit sehr gut.
Danke vielmals, Andreas.

Andreas turns to the shop assistant.

Andreas wendet sich der Verkäuferin zu.

Andreas:
I'd like to buy this scarf, please.

Ich würde gerne dieses Tuch kaufen.

Shop assistant:
Certainly, sir.
How would you like to pay?

Ja.
Wie möchten Sie bezahlen?

Andreas:
Cash, please.

Bar, bitte.

4 **Shopping** | **Einkaufen**

Can I help you? | **Kann ich Ihnen behilflich sein?**

I'm looking for … | Ich suche …
Could I have a look at …? | Kann ich … anschauen?
I'm just looking, thanks. | Ich sehe mich nur um, danke.

What size do you take? | **Welche Größe haben Sie?**
I'm not quite sure. | Ich bin nicht ganz sicher.
I take size … | Ich habe Größe …

Can I try it/them on? | **Kann ich das/sie anprobieren?**

Where are your fitting rooms? | Wo sind Ihre Umkleidekabinen?

It doesn't/They don't fit. | Das paßt/Sie passen nicht.
I'm afraid. | Es tut mir leid.
It's/They are too … | Das ist/Sie sind zu …
   big/small. | groß/klein.
   long/short. | lang/kurz.
   tight/large. | eng/weit.
 | *(Schuhe, Strümpfe, Hose im Englischen Plural)*

Have you got this/these … | **Haben Sie das/diese …**
   in a bigger/smaller size? | in einer größeren/kleineren Größe?
   in another colour? | in einer anderen Farbe?
   in another material? | in einem anderen Material?

How much is it/are they? | **Was kostet das/kosten diese?**

I'll take it/them. | Ich nehme es/sie.
I'll think about it. | Ich überlege es mir noch.
I'll leave it, thanks. | Ich lasse es, danke.
Where do I pay? | Wo kann ich zahlen?
The cash desk is over there. | Die Kasse ist da drüben.

Materials | **Materialien**
wool | Wolle
pure wool | reine Wolle
new wool | Schurwolle
silk | Seide
cotton | Baumwolle
leather | Leder
linen | Leinen
synthetic material | Synthetik

Andreas pulls out his wallet. Joy is very pleased and proudly carries her green-golden Harrods bag. They continue strolling through the department store and Joy persuades Andreas to buy a typical English tweed jacket.

Andreas zieht seine Brieftasche heraus. Joy ist überglücklich und trägt stolz ihre grün-goldene Harrods-Tragetasche. Sie schlendern weiter durch das Kaufhaus, und Joy über-redet Andreas, sich eine typisch englische Tweedjacke zu kaufen.

Andreas:
Let's take the lift to the men's department.

Laß uns mit dem Lift in die Herrenabteilung fahren.

They get out of the lift. A shop assistant comes up to them.

Sie steigen aus dem Lift. Ein Verkäufer kommt auf sie zu.

Shop assistant:
Can I help you?

Kann ich Ihnen behilflich sein?

Andreas:
Yes, please. I'd like to try one of your tweed jackets.

Ja, bitte. Ich möchte gerne eine Tweedjacke anprobieren.

5 ▸ Clothes sizes   Konfektionsgrößen

Men's suits   Herrenanzüge

British
| 36 | 38 | 40 | 42 | 44 | 46 | 48 | 50 |

American
| 36 | 38 | 40 | 42 | 44 | 46 | 48 | 50 |

Continental
| 46 | 48 | 50/52 | 54 | 56 | 58/60 | 62 | 64 |

Men's shirts   Herrenhemden

British
| 14 | $14^1/_2$ | 15 | $15^1/_2$ | 16 | $16^1/_2$ | 17 | $17^1/_2$ |

American
| 14 | $14^1/_2$ | 15 | $15^1/_2$ | 16 | $16^1/_2$ | 17 | $17^1/_2$ |

Continental
| 35 | 36/37 | 38 | 39/40 | 41 | 42/43 | 44 | 45 |

Men's shoes   Herrenschuhe

British
| 7 | $7^1/_2$ | 8 | $8^1/_2$ | 9 | $9^1/_2$ | 10 | $10^1/_2$ | 11 |

American
| $7^1/_2$ | 8 | $8^1/_2$ | 9 | $9^1/_2$ | 10 | $10^1/_2$ | 11 | $11^1/_2$ |

Continental
| 41 | | 42 | | 43 | | 44 | | 45 |

Women's sizes   Damengrößen

British
| 8 | 10 | 12 | 14 | 16 | 18 | 20 | 22 |

American
| 8 | 10 | 12 | 14 | 16 | 18 | 20 | |

Continental
| 34 | 36 | 38 | 40 | 42 | 44 | 46 | 48 |

Women's shoes   Damenschuhe

British
| 4 | $4^1/_2$ | 5 | $5^1/_2$ | 6 | $6^1/_2$ | 7 | $7^1/_2$ |

American
| $5^1/_2$ | 6 | $6^1/_2$ | 7 | $7^1/_2$ | 8 | $8^1/_2$ | 9 |

Continental
| 36 | 37 | 38 | 38 | 39 | 40 | 41 | 41 |

Shop assistant:
What size do you take?

Welche Größe haben Sie?

Andreas:
I'm not quite sure.
54 in Germany.

Ich bin nicht ganz sicher.
54 in Deutschland.

Shop assistant:
That's size 42 in England.
Look, just over there is your
size.

Das ist Größe 42 in England.
Schauen Sie, dort drüben ist
Ihre Größe.

Andreas:
What a selection.
I like this brownish one.
Can I try it on?

Was für eine Auswahl.
Ich mag diese bräunliche.
Kann ich sie anprobieren?

Shop assistant:
Certainly, sir.
It's a Harris Tweed jacket
made from pure wool in the
Shetlands.

Natürlich.
Es ist eine »Harris Tweed«
Jacke aus reiner Shetland-
Wolle.

Joy:
This jacket really suits you,
Andreas.

Diese Jacke steht dir wirklich, Andreas.

Andreas:
I'm glad you like it. I'll take
it.

Ich freue mich, daß sie dir
gefällt. Ich nehme sie.

Shop assistant:
Yes, sir. How would you like
to pay?

Ja. Wie möchten Sie
bezahlen?

Andreas:
By Eurocheque, please.

Mit Euroscheck, bitte.

*Pleased with their purchases
they arrive on the top floor.*

*Zufrieden mit ihren Ein-
käufen kommen sie im ober-
sten Stockwerk an.*

*They head for the elegant
tearoom and sit down at
a table near the window.
Joy suggests –*

*Sie steuern auf die elegante
Teestube zu und setzen sich
an einen Tisch in der Nähe
vom Fenster.
Joy schlägt vor –*

Joy:
Let's have a cream tea.

Laß uns »Cream Tea«
bestellen.

6

Recipe

Scones

225 g self-raising flour*
$1/2$ teaspoon salt
50 g butter
150 ml milk

Sift the flour and salt into a bowl.
Rub in the butter until mixture resembles fine crumbs. Stir in the milk and mix to a smooth, soft dough. Roll out the dough on a floured surface to 2 cm thick and cut out 6 cm rounds. Place on a floured baking sheet. Dust the rounds with more flour, then bake in a preheated hot oven 230°C for 7 – 10 minutes. Makes about 12.

At tea time serve with strawberry jam and whipped cream, and a good cup of tea.

Variation:
Buttermilk soda scones

Use plain flour and sift with 1 teaspoon bicarbonate of soda and 1 teaspoon cream of tartar. Reduce the butter to 25 g and use buttermilk instead of milk. Roll out and cut into rounds as above, then bake in a hot oven 220°C for about 10 minutes.

* flour plus baking powder

Andreas is surprised.

Andreas:
What's that?

Joy:
You get a pot of tea, scones, clotted cream and strawberry jam.

Andreas:
Scones?

Joy:
They are plain cakes, quite small and round, served warm. Clotted cream is a very thick lumpy cream used here instead of butter.

Joy orders.

Andreas ist erstaunt.

Was ist das?

Du bekommst eine Kanne Tee, »scones«, dicke Sahne und Erdbeermarmelade.

»Scones«?

Das sind einfache Kuchen, ziemlich klein und rund, warm serviert. »Clotted Cream« ist eine sehr dicke, klumpige Sahne, die man hier statt Butter nimmt.

Joy bestellt.

7 **It's delicious.**   **Es ist köstlich.**
    marvellous.   phantastisch.
    gorgeous.   großartig.
    I like it!   Es schmeckt mir.

Joy:
Two cream teas, please.

Zwei »Cream Teas«, bitte.

In love with each other they enjoy their tea.

Verliebt genießen sie ihren Tee.

Andreas:
Hm, delicious!

Hm, köstlich!

... Andreas utters between mouthfuls of scone with cream and jam.

... bringt Andreas zwischen den Bissen in »Scones«, mit »Cream« und Marmelade bestrichen, hervor.

After the excellent cream tea, they walk hand in hand, ignoring all the interesting surroundings. Suddenly they find themselves on Kings Road. There, they look for a small wine bar where they can continue their conversation forgetting everything else ...

Nach dem ausgezeichneten »Cream Tea« laufen sie Hand in Hand und sehen eigentlich gar nichts von ihrer interessanten Umgebung. Plötzlich befinden sie sich in der Kings Road. Sie suchen sich dort eine kleine Weinbar, wo sie sich vertieft weiterunterhalten können, alles vergessend ...

And with that, we leave the couple, and if you want to know what happens after this: Look into a wine bar in Kings Road – perhaps you'll see them!

Und damit verlassen wir das Pärchen, und wenn Sie wissen wollen, wie es weitergeht:

Schauen Sie in eine Weinbar in der Kings Road – vielleicht sehen Sie die beiden.

94

Grammatische Fachausdrücke

Adjektiv	Eigenschaftswort
Adverb	Umstandswort
Artikel	Geschlechtswort
attributiv	als Beifügung gebraucht
Demonstrativpronomen	hinweisendes Fürwort
Future Tense	Zukunft
Genitiv	Wesfall, 2. Fall
Interrogativpronomen	Fragewort
Partizip	Mittelwort
Past Tense	Vergangenheit
Personalpronomen	persönliches Fürwort
Plural	Mehrzahl
Possessivpronomen	besitzanzeigendes Fürwort
Present Perfect	Perfekt
Present Tense	Gegenwart
Singular	Einzahl
Subjekt	Satzgegenstand
Substantiv	Hauptwort
substantivisch	als Hauptwort gebraucht
Verb	Zeitwort

1 Artikel

Bestimmter Artikel

	boy	der
the	woman	die
	book	das
	boys/girls/books	die *(Plural)*

Beachte: Vor *stummem h* und *Vokalen* ist die Aussprache wie ein gelispeltes »sie«:

the **h**our	the **i**cecream
the **a**irport	the **o**pera
the **e**vening	the **u**mbrella

Unbestimmter Artikel

	man	ein
a	lady	eine
	child	ein

Beachte: Vor *stummem h* und *Vokalen*: **an**

an hour	aber: **a u**niform
	(»ju...« gesprochen)
an icecream	

Merke:

He is **a** businessman.	Er ist Geschäftsmann.
She is **an** opera singer.	Sie ist Opernsängerin.
It costs 50 p **a** pound.	Es kostet 50 p pro Pfund.
once **a** week	einmal die Woche
twice **a** year	zweimal im Jahr
She plays **the** piano.	Sie spielt Klavier.
He goes to work **by** bike.	Er fährt mit dem Fahrrad zur Arbeit.

2 Substantiv

Singular		Plural	
	boy	boy**s**	
the	girl	girl**s**	
	book	book**s**	

aber:	bus	bus**ses**	foot	**feet**
	tomato	tomato**es**	man	**men**
	lady	lad**ies**	woman	**women**
	wife	wi**ves**	penny	**pence**
	leaf	lea**ves**		

3 Genitiv

Singular

Joy**'s** bag	Joys Tasche
Andrea**s'** suitcase	der Koffer von Andreas

Plural

my parent**s'** car	das Auto meiner Eltern
the men**'s** suits	die Anzüge der Männer

Beachte:

at the baker'**s**	beim Bäcker
St. Paul'**s** (Cathedral)	die St.-Pauls-Kathedrale

4 Adjektiv

Einsilbige und zweisilbige Adjektive

small – small**er** (than) – small**est**	klein – kleiner (als) – am kleinsten
big – big**ger** – big**gest**	groß
easy – eas**ier** – eas**iest**	leicht

Mehrsilbige Adjektive

expensive – **more** expensive – **most** expensive	teuer

Unregelmäßige Adjektive

good – better – best	gut – besser – am besten
bad – worse – worst	schlecht
much/many – more – most	viel/viele
little – less – least	wenig

5 Adverb

Regelmäßige Adverbien

slow – slow**ly**	langsam.
She speaks slowly.	Sie spricht langsam.
quick – quick**ly**	schnell
beautiful – beautiful**ly**	schön

Unregelmäßige Adverbien

good – well	gut
She speaks English quite well.	Sie spricht ganz gut Englisch.
fast – fast	schnell
hard – hard	hart, schwer

6   Personalpronomen

Subjektform		*Objektform*	
I	ich	**me**	mir/mich
you	du	**you**	dir/dich
he	er	**him**	ihm/ihn
she	sie	**her**	ihr/sie
it	es	**it**	ihm/es
we	wir	**us**	uns/uns
you	ihr/Sie	**you**	euch/euch/Ihnen/Sie
they	sie	**them**	ihnen/sie

The scarf belongs to **her.**   Das Tuch gehört **ihr.**
He loves **her.**   Er liebt **sie.**

7   Possessivpronomen

Attributiv gebrauchte Possessivpronomen

my	mein
your	dein
his	sein
her	ihr
its	sein
our	unser
your	euer/Ihr
their	ihr

Substantivisch gebrauchte Possessivpronomen

mine	der/die/das mein(ig)e/ die mein(ig)en
yours	dein(ig)e/ dein(ig)en
his	sein(ig)e/ sein(ig)en
hers	ihr(ig)e/ ihr(ig)en
ours	unsr(ig)e/ unsr(ig)en
yours	eur(ig)e/Ihr(ig)e/ eur(ig)en/Ihr(ig)en
theirs	ihr(ig)e/ ihr(ig)en

This is **my** suitcase.   Das ist **mein** Koffer.
The window seat   Der Platz am Fenster
is **mine.**   ist **der meine.**

8   Demonstrativpronomen

This man (*here*) is …	Dieser Mann (*hier*) ist …
These men (*here*) are …	Diese Männer (*hier*) sind …
That man (*there*) is …	Jener Mann (*dort*) ist …
Those men (*there*) are …	Jene Männer (*dort*) sind …

9   Interrogativpronomen

who?	Who are you?	Wer sind Sie?
	Who did you help?	Wem hast du geholfen?
	Who did you see?	Wen hast du gesehen?
what?	What is that?	Was ist das?
whose?	Whose car is that?	Wessen Auto ist das?
which?	Which is the shortest way?	Welches ist der kürzeste Weg?
where?	Where are you?	Wo bist du?
where … from?	Where do you come from?	Woher kommen Sie?
when?	When do you arrive?	Wann kommen Sie an?
what time?	What time is it?	Wieviel Uhr ist es?
how?	How does it work?	Wie funktioniert es?
how long?	How long does it take?	Wie lange dauert es?
how often?	How often did you see her	Wie oft sahst du sie?
how much?	How much is it?	Wieviel kostet es?
how many?	How many people are there?	Wie viele Leute sind da?
why?	Why don't you come?	Warum kommst du nicht?
what … for?	What are you looking for?	Wonach suchst du?
	What do you want this for?	Wofür willst du das?
who … to?	Who are you speaking to?	Mit wem sprichst du?

10   Fragen mit do

Do you like music**?**	Magst du Musik?
– Yes, **I do.**	– Ja.
– No, **I don't.**	– Nein.
Does he smoke?	Raucht er?
– Yes, **he does.**	– Ja.
– No, **he doesn't.**	– Nein.
Do they go by bus**?**	Fahren sie mit dem Bus?
– Yes, **they do.**	– Ja.
– No, **they don't.**	– Nein.
Did you pay the bill**?**	Haben Sie die Rechnung bezahlt?
– Yes, **I did.**	– Ja.
– No, **I didn't.**	– Nein.
Where did she go?	Wohin ging sie?
When did she leave?	Wann ging sie weg?

11   Fragen ohne do

Bei be

Are you from Munich**?**	Sind Sie aus München?
– Yes, **I am.**	– Ja.
– No, **I'm not.**	– Nein.
Is he happy**?**	Ist er glücklich?
– Yes, **he is.**	– Ja.
– No, **he isn't.**	– Nein.

Bei have got

Have you got your suitcase**?**	Haben Sie Ihren Koffer?
– Yes, **I have.**	– Ja.
– No, **I haven't.**	– Nein.
Has he got a room with a bath**?**	Hat er ein Zimmer mit Bad?
– Yes, **he has.**	– Ja.
– No, **he hasn't.**	– Nein.

Bei Hilfsverben

Can you help me**?**	Kannst du mir helfen?
Could you pass me the butter, please**?**	Könnten Sie mir bitte die Butter reichen?

Will you meet me at the hotel**?**	Wirst du zu mir ins Hotel kommen?
Would you like to have tea with me**?**	Würden Sie gerne Tee bei mir trinken?
May I ask you a question**?**	Darf ich dir eine Frage stellen?
Shall I come?	Soll ich kommen?

Fragewort selbst ist Subjekt oder Teil des Subjekts

Who wrote a letter**?**	Wer schrieb einen Brief?
Which of the buses **goes** to the centre of London**?**	Welcher dieser Busse fährt ins Zentrum von London?

12   Some, any

Some

some	etwas/einige/ein paar
somebody/someone	jemand
something	etwas

Some steht in **positiven Aussagesätzen:**

I'd like **some** milk, please.	Ich hätte gern etwas Milch.
I'd like **some** stamps, please.	Ich hätte gern ein paar Briefmarken.
Somebody/Someone has taken my purse.	Jemand hat meinen Geldbeutel genommen.
I'd like **something** to eat.	Ich hätte gern etwas zu essen.

Some steht in **Fragesätzen**, wenn darauf eine **positive Antwort** erwartet wird:

Can I have **some** bread, please?	Kann ich bitte etwas Brot haben?
Yes, certainly.	Ja, sicher.
Did **somebody/someone** help you?	Hat dir jemand geholfen?
Yes, of course.	Ja, natürlich.
Have you got **something** for me?	Hast du etwas für mich?
Certainly.	Sicher.

Any

any	etwas/irgendwelche
not … any	kein/e
anybody/anyone	irgend jemand
not … anybody/anyone	niemand
anything	irgend etwas
not … anything	nichts

Any steht in **negativen Aussagesätzen**:

I have**n't** got **any** money.	Ich habe kein Geld.
I do**n't** know **anybody/anyone** here.	Ich kenne niemanden hier.
He has**n't** seen **anything**.	Er hat nichts gesehen.

Any steht in **Fragesätzen**, wenn man sich über die **Antwort unsicher** ist:

Is there **any** milk left?	Ist noch etwas Milch übrig?
Did **anybody/anyone** help you?	Hat Ihnen irgend jemand geholfen?
Can I do **anything** for you?	Kann ich irgend etwas für Sie tun?

13   *Verben*

Present Tense

Bildung der einfachen Gegenwart
Bei der **Bildung der einfachen Gegenwart** weicht nur die **3. Person Singular** von der Grundform ab, es wird ein **-s** angehängt:

I	visit	besuchen	I	study	studieren
you	visit		you	study	
he	visit**s**		he	studie**s**	
she	visit**s**		she	studie**s**	
it	visit**s**		it	studie**s**	
we	visit		we	study	
you	visit		you	study	
they	visit		they	study	

Beachte:
Bei Verben auf **-s, -sh, -ch, -x** fügt man in der 3. Person Singular **-es** hinzu:

I teach – she teach**es**	unterrichten

Verben, die auf einen **Mitlaut** (**m, r, s, v** *usw.*) plus **-y** enden, bilden die **3. Person Singular** auf **-ies:**

| I study – he stud**ies** | studieren |
| I carry – she carr**ies** | tragen |

Bei **a, e, o, u** plus **-y** bleibt das **-y** erhalten:

| I buy – he bu**ys** | kaufen |

Unregelmäßige Formen:

I go – he go**es**	gehen
I do – he do**es**	tun
I have – he h**as**	haben

Einfache Gegenwart – Verneinung

I **don't visit/go/study**
he **doesn't visit/go/study**

Einfache Gegenwart – Frage

do **you visit/go/study?**
does he **visit/go/study?**

Die Hilfsverben sein – haben – werden

	be	**have**	**will**
I	am	have	will
you	are	have	will
he	is	has	will
she	is	has	will
it	is	has	will
we	are	have	will
you	are	have	will
they	are	have	will

Kurzformen:

I'm	I've	I'll
you're	you've	you'll
he**'s**	he**'s**	he'll
she**'s**	she**'s**	she'll
it**'s**	it**'s**	it'll
we're	we've	we'll
you're	you've	you'll
they're	they've	they'll

Verneinung:

I **am not**	I **have not**	I **will not**
you **are not**	you **have not**	you **will not**
he **is not**	he **has not**	he **will not**

Kurzformen:

I'm not	I haven't	I won't
you aren't	you haven't	you won't
he isn't	he hasn't	he won't

Frage:

are you?	have you?	will you?
is he?	has he?	will he?

Bildung der -ing-Form in der Gegenwart

Die Form besteht aus **am/are/is** bzw. deren Kurzform plus der **-ing-Form** des Verbs:

kommen	kaufen
I **am** com**ing**	I**'m** buy**ing**
you **are** com**ing**	you**'re** buy**ing**
he **is** com**ing**	he**'s** buy**ing**
she **is** com**ing**	she**'s** buy**ing**
we **are** com**ing**	we**'re** buy**ing**
you **are** com**ing**	you**'re** buy**ing**
they **are** com**ing**	they**'re** buy**ing**

Beachte:

Ein **Mitlaut** nach einem **kurzen, betonten Selbstlaut** (**a, e, i, o, u**) wird **verdoppelt**:

get – ge**tting**	besorgen

ein **-l** wird **verdoppelt**:

travel – trave**lling**	reisen

Ein **stummes -e** entfällt:

leave – leav**ing**	weggehen

Die Endung **-ie** wird zu **-ying**:

lie – l**ying**	liegen

Past Tense

Bildung der einfachen Vergangenheit

Die **regelmäßigen Verben** bilden die **einfache Vergangenheit** bei allen Personen mit **-ed**:

live	leben	liv**ed**	She lived in London.
travel	reisen	travell**ed**	He travelled to London.

Die Bildung der **einfachen Vergangenheit** bei den **unregelmäßigen Verben**:

Grundform	Einfache Vergangenheit	Vergangenheits-partizip	
be (am/is/are)	was/were	been	sein
beat	beat	beaten	schlagen
become	became	become	werden
begin	began	begun	beginnen
bite	bit	bitten	beißen
blow	blew	blown	blasen
break	broke	broken	brechen
bring	brought	brought	bringen
build	built	built	bauen
buy	bought	bought	kaufen
catch	caught	caught	fangen
choose	chose	chosen	auswählen
come	came	come	kommen
cost	cost	cost	kosten
cut	cut	cut	schneiden
do	did	done	tun
draw	drew	drawn	ziehen
drink	drank	drunk	trinken
drive	drove	driven	fahren
eat	ate	eaten	essen
fall	fell	fallen	fallen
feel	felt	felt	fühlen
fight	fought	fought	kämpfen
find	found	found	finden
fly	flew	flown	fliegen
forget	forgot	forgotten	vergessen
get	got	got	bekommen
give	gave	given	geben
go	went	gone	gehen
grow	grew	grown	wachsen
hang	hung	hung	hängen
have	had	had	haben
hear	heard	heard	hören
hide	hid	hidden	verstecken
hit	hit	hit	schlagen
hold	held	held	halten
hurt	hurt	hurt	verletzen
keep	kept	kept	behalten
know	knew	known	kennen
leave	left	left	gehen, lassen
lend	lent	lent	verleihen

Grundform	Einfache Vergangenheit	Vergangenheits- partizip	
let	let	let	lassen
lie	lay	lain	liegen
light	lit	lit	anzünden
lose	lost	lost	verlieren
make	made	made	machen
mean	meant	meant	bedeuten
meet	met	met	treffen
pay	paid	paid	zahlen
put	put	put	setzen
read	read	read	lesen
ride	rode	ridden	reiten
ring	rang	rung	läuten
rise	rose	risen	aufstehen
run	ran	run	laufen
say	said	said	sagen
see	saw	seen	sehen
sell	sold	sold	verkaufen
send	sent	sent	schicken
shine	shone	shone	scheinen
shoot	shot	shot	schießen
show	showed	shown	zeigen
shut	shut	shut	schließen
sing	sang	sung	singen
sit	sat	sat	sitzen
sleep	slept	slept	schlafen
speak	spoke	spoken	sprechen
spend	spent	spent	ausgeben
stand	stood	stood	stehen
steal	stole	stolen	stehlen
swim	swam	swum	schwimmen
take	took	taken	nehmen
teach	taught	taught	unterrichten
tear	tore	torn	zerreißen
tell	told	told	erzählen
think	thought	thought	denken
throw	threw	thrown	werfen
understand	understood	understood	verstehen
wake	woke	woken	erwachen
wear	wore	worn	tragen
win	won	won	gewinnen
write	wrote	written	schreiben

Einfache Vergangenheit von be

I **was**
you **were**
he **was**
she **was**
it **was**
we **were**
you **were**
they **were**

Einfache Vergangenheit – Verneinung

I **didn't live**	leben
he **didn't travel**	reisen
we **didn't have**	haben
they **didn't do**	tun
I **wasn't**	sein

Einfache Vergangenheit – Frage

did you **live** …?
did he **travel** …?
did you **have** …?
did we **do** …?
were you …?

-ing-Form in der Vergangenheit

I **was** putt**ing**	setzen, stecken
he **was** cutt**ing**	schneiden
we **were** hav**ing**	haben

Present Perfect

Einfaches Present Perfect

Es wird gebildet aus der **Gegenwartsform von have** und
dem **Vergangenheitspartizip.**
Die **regelmäßige Form** des Vergangenheitspartizips endet
auf **-ed:**

I **have** book**ed**	I**'ve** book**ed**	buchen
he **has** book**ed**	he**'s** book**ed**	

Die **unregelmäßigen Formen** zeigt die Liste auf Seite 104f.,
zum Beispiel:

you **have been**	sein
she **has had**	haben
we **have eaten**	essen
you **have seen**	sehen
they **have shown**	zeigen

Einfaches Present Perfect – Verneinung

I **have not** book**ed**   I **haven't** book**ed**
he **has not** had   he **hasn't** had

Einfaches Present Perfect – Frage

have I **been?**
has he **eaten?**

-ing-Form im Present Perfect

I **have been** liv**ing**   leben
he **has been** do**ing**   tun
we **have been** sitt**ing**   sitzen

Future Tense

Future mit will

Bildung: **will/-'ll** plus **Grundform** des Verbs
Sie wird gebraucht bei **allgemeinen Vorhersagen** und **spontanen Absichtserklärungen**:

It **will be** cold tomorrow.   Morgen wird es kalt werden.
I**'ll try** the bitter.   Ich probiere das »Bitter«./
    Ich werde das »Bitter«
    probieren.

Future mit going to

Bildung: **be going to** plus **Grundform** des Verbs
Sie wird verwendet, wenn der **Sprecher davon überzeugt ist,
daß etwas geschehen wird**:

They **are going to meet**   Sie werden sich
in the hotel lobby.   in der Hotelhalle treffen.

Future mit -ing-Form

Bildung: **am/are/is** bzw. deren Kurzformen plus **-ing-Form**
des Verbs
Sie drückt Zukünftiges aus bei **festgelegten Vereinbarungen
und Plänen**:

He **is leaving** tomorrow.   Er reist morgen ab.

Signalwörter:

next week/month/year   nächste Woche/nächsten
    Monat/nächstes Jahr
tomorrow   morgen
on (Saturday)   am (Samstag)

14   Gebrauch der einfachen Verbform und der -ing-Form eines Verbs

Present Tense

Einfache Form	-ing-Form
Bei **wiederholten, regel-mäßigen, gewohnheits-mäßigen** Handlungen:	Bei Handlungen, die **gerade ablaufen** beziehungsweise **vorübergehender Natur** sind:
I **normally get up** at six o'clock. Ich stehe normalerweise um sechs Uhr auf.	I **am doing** the cooking **today**. Heute koche ich.
Signalwörter:	Signalwörter:

always   immer
every day/   jeden Tag/
  week   jede Woche
never   nie
normally   normalerweise
often   oft
regularly   regelmäßig
seldom   selten
sometimes manchmal
usually   gewöhnlich
	at the im Augen-
	  moment blick
	now jetzt
	today heute

Past Tense

Einfache Form	-ing-Form
Bei Handlungen, die **in der Vergangenheit abge-schlossen** wurden und kei-nen Bezug zur Gegenwart haben:	Bei Handlungen, die zu einem **bestimmten Zeit-punkt in der Vergangenheit gerade abliefen**:
I **went** to the theatre **yesterday**. Ich ging gestern ins Theater.	He **was talking** to the shop assistant. Er sprach (gerade) mit der Verkäuferin.

Bei Ereignissen der Vergangenheit, vor allem in **Erzählungen** und **Berichten**:	Bei einer **bereits andauernden Handlung**, zu der ein neues Ereignis hinzutritt:
He **went** to London and **stayed** there for one week. Er fuhr nach London und blieb dort eine Woche lang.	He **was reading** a book, **when** the phone rang. Er las (gerade) ein Buch, als das Telefon läutete.

Signalwörter:

last week	letzte Woche
from ... to	von (1990) bis (1992)
yesterday	gestern
ago	vor

Present Perfect

Einfache Form	**-ing-Form**
Bei Handlungen, die gerade abgeschlossen wurden und **deren Auswirkungen in der Gegenwart noch aktuell** sind:	Bei Handlungen, die **in der Vergangenheit** begonnen haben und **in die Gegenwart hinein noch andauern**, wobei **Nachdruck auf das Andauern** gelegt wird:
I have ordered some tea. Ich habe Tee bestellt. **I've eaten** too much. Ich habe zu viel gegessen.	**I've been sitting** there **all morning**. Ich sitze schon den ganzen Vormittag da.

Bei Ereignissen, die **in der Vergangenheit** begonnen haben und **in die Gegenwart noch hineinreichen**:	Signalwörter:
He **has lived** here **since** … Er wohnt seit … hier.	**all morning** den ganzen Vormittag **all afternoon** den ganzen Nachmittag **for hours** stundenlang

Signalwörter:

for	seit *(Zeitdauer)*
since	seit *(Zeitpunkt)*
so far	bisher
up to now	bis jetzt
until now	bis jetzt
never	nie
how long?	wie lange?

Die Zahlen geben die Seite an, auf der das Wort im angegebenen Sinn zum ersten Mal erscheint.

cap Kappe/Käppchen 39
car Auto 38
care *in*: **do you care** hätten Sie gerne 12
care *in*: **take care** mach's gut/paß auf dich auf 22
careful gründlich/sorgfältig 55
carpet Teppich 40
carry tragen 71
case *in*: **in case** im Falle/für den Fall 29
cash bar (*bezahlen*) 37
cash einlösen 70
cash desk Kasse 86
cash dispenser Geldautomat 70
catch someone's eye jemanden auf sich aufmerksam machen 55
centre Zentrum 21
cereal Getreideflocken 36
certainly (*Adv.*) ja/gewiß/natürlich/selbstverständlich/sicher 16, 45, 48, 85
chair Stuhl 40
champagne Champagner 12
change Kleingeld/Wechselgeld 33
change umsteigen/wechseln 20, 71
charming charmant 13
chat plaudern 79
cheap billig 24
check prüfen/nachsehen 67
check in einchecken 20
cheekily (*Adv.*) keck 39
cheers Prost 17
cheese Käse 63
chef Küchenchef 59
chemist Apotheker 74
cheque Scheck 37
chest of drawers Kommode 40
choice Wahl 63
chop Kotelett 59
church service Gottesdienst 66
cider Apfelwein/Most 79

cinema Kino 26
city Stadt 83
clean saubermachen/reinigen 17, 44
client Kunde 27
cloakroom Garderobe 52
clock Uhr 28
clock *in*: **at eight o'clock** um acht Uhr 28
clothes Kleidungsstücke 88
clothes size Konfektionsgröße 88
clotted dick/klumpig 91
cocktail Cocktail 59
coffee Kaffee 13
coin Münze 32
cold kalt 14
colleague Kollege 16
collect abholen 65
colour Farbe 76
come kommen 13
come across stoßen auf 67
come by vorbeikommen 13
come true wahr werden/in Erfüllung gehen 11
complaint Beanstandung/Beschwerde 44
complete abschließen/beenden 67
concert Konzert 66
confirm bestätigen 71
confirmation Bestätigung 37
congratulations Gratulation 46
continental kontinental 36
continue fortfahren/weitermachen mit 79
continue *in*: **continue strolling** weiterschlendern 87
continue something/doing something etwas weiter(hin) machen 93
conversation Unterhaltung 13
converse sich unterhalten 17
conveyor belt Laufband 21
cool kühl 14

hate doing something etwas sehr ungern tun **82**
have haben **55**
have to müssen **20**
have something in mind an etwas denken **69**
have to do something etwas tun müssen **47**
head Kopf **39**
head for auf dem Weg sein zu/zusteuern auf **89**
hear hören **75**
hear *in*: **I'm sorry to hear that** das tut mit leid **46**
heart Herz **21**
heavy schwer **31**
hello hallo **22**
help helfen **10**
help Hilfe **31**
help yourself bedienen Sie sich **14**
helpless hilflos **29**
here hier **10**
here you are bitte sehr **15**
hi grüß dich, hallo **23**
hold the line bleiben Sie am Apparat **48**
holiday *in*: **be on holiday** Ferien machen/in Urlaub sein **19**
home address Wohnort **38**
honey Honig **34**
hope hoffen **19**
host/ess Gastgeber/in **65**
hot heiß **14**
hotel Hotel **25**
hotel lobby Hotelhalle **81**
hour Stunde **25**
house wine Hauswein **59**
household goods Haushaltswaren **80**
how wie **12**
huge riesig **61**
hunger Hunger **59**
hurry eilen **73**
hurry in herbeieilen/hereineilen **39**

husband Ehemann **16**
hyacinth Hyazinthe **83**

I

I'd (=I would) **like** ich möchte **34**
I'm (= I am) ich bin **30**
I'm sorry es tut mir leid/ Entschuldigung **13**
idea Idee **17**
if wenn/falls **13**
ignore ignorieren/nicht beachten **93**
imagine sich vorstellen **59**
immediately (*Adv.*) sofort **43**
in addition to zusätzlich zu **36**
in in **11**
inch Zoll (*2,54 cm*) **78**
included inklusive/inbegriffen **37**
inexpensive preiswert **52**
inform informieren **46**
information Information **21**
insert einwerfen/einschieben **48, 70**
inside innen/im Innern **65**
instead stattdessen/anstatt/ statt/anstelle von **19, 91**
interested interessiert **19**
interested *in*: **be interested in** Interesse haben an **81**
interesting interessant **83**
international internationale/r/s **50**
into hinein **90**
introduce vorstellen **17**

J

jacket Jacke **17**
jam Marmelade **34**
journey Reise **25**
juice Saft **12**
jump springen **13**
jump with delight einen Freudensprung machen **75**

lousy grauenhaft 46

love lieben 17

love *in*: be in love with verliebt sein in 93

love *in*: I'd love to ich würde sehr gerne 81

love *in*: I'd love to sehr gerne 26

love *in*: in love verliebt sein 81

love doing something etwas sehr gern tun 83

lovely hübsch/schön 85

luck Glück 46

luckily (*Adv.*) zum Glück 11

lucky *in*: be lucky Glück haben 83

luggage Gepäck 19

lumpy klumpig 91

M

madam gnädige Frau (*im Dt. als Anrede aber nicht mehr üblich, daher unübersetzt*) 14

magazine Illustrierte 16

make machen/bewerkstelligen/schaffen/zustandebringen 19

man (*Plural* men) Mann 21

man *in*: men's wear Herrenkleidung 80

manage es schaffen/zurechtkommen 49

many viele 67

mark Mark 71

market Markt 66

marmalade Orangenmarmelade 39

marvellous phantastisch 92

match passen zu 85

matinée performance Matinéevorstellung 69

matter *in*: it doesn't matter es macht nichts 12

may dürfen/können 17

maybe (*Adv.*) vielleicht 27

meal Essen/Mahlzeit 63

mean bedeuten 76

measure Maß 78

meat Fleisch 60

medium-brown mittelbraun 76

medium halb durchgebraten 59

meet kennenlernen/treffen 17

meeting Tagung/Konferenz 19

menu Speisekarte 55

meringue pie Baiser Torte 63

message Nachricht 46

midday Mittag 42

middle Mitte 10

midnight Mitternacht 42

mile Meile (*1,61 km*) 78

milk Milch 13

mine der/die/das mein(ig)e 11

mineral water Mineralwasser 12

minibar Minibar 40

mint sauce Minzsauce 59

minute Minute 27

mirror Spiegel 40

miss fehlen 20

Miss Frau/Fräulein 19

mix vermischen 90

mixture Mischung 59

modest bescheiden 24

moment Moment/Augenblick 13

money Geld 32

money back Geldrückgabe 48

month Monat 18

more mehr 14

morning Morgen 22

motion *in*: motion towards zeigen auf/in Richtung hinzeigen 29

mouthful Bissen/Happen 93

moving walkway Laufband 21

Mr (Mister) Herr 22
Mrs (Mistress) Frau 22
Ms (Miss) Frau, Fräulein 22
much viel 17
Munich München 25
musical Musical 66
must müssen 63
my mein/e/er 10
myself mich 17

N

name Name 17
name *in*: **first name** Vorname 38
napkin Serviette 16
nationality Nationalität 38
near in der Nähe/nahe 49
nearest nächste/nächst-gelegene/r/s 72
nearly (*Adv.*) beinahe/fast 19
need brauchen 31
nervous nervös/aufgeregt 49
new neu 15
newspaper Zeitung 16
next to neben 13
next nächste/r/s 20
nice nett 17
night Nacht 27
no kein/e 67
no nein 27
non-smoking area/section Nichtraucherzone 10
noon Mittag 42
not nicht 26
note (*Geld*) Schein 32
note Nachricht/Notiz 46
nothing nichts 14
nothing to declare zollfreie Ware 20
notice bemerken/entdecken 23
now jetzt 63
now boarding jetzt an Bord gehen 20
number Zahl/Nummer 28

O

of von 21
of course natürlich 69
off von … abgehend 73
offer anbieten 12
often oft 79
OK in Ordnung/O.K. 12
old alt 61
on auf 45
on *in*: **what's on** was wird gezeigt/geboten 66
on Thursday am Donnerstag 29
one eine/r/s 55
one man 33
one *in*: **no one** keiner 71
one week travelcard Wochen-karte 22
only nur/doch 13
only *in*: **if only** wenn doch nur 65
open öffnen 45
opera Oper 26
opposite gegenüber 25
or oder 37
orange juice Orangensaft 15
orange Orange 39
order bestellen 58
order Bestellung 39
other andere/r/s 21
ounce Unze (*28,35 g*) 78
out heraus 13
out of aus 59
outside draußen 52
oven Backofen 90
over über/herüber 13, 23
over there da drüben 86
overlook blicken auf 34

P

p.m. (*post meridiem*) nach-mittags/abends 29
pack together zusammen-drängen/zusammenpfer-chen 75
page Seite (*Buch*) 67
painting Malerei 67
pair Paar 11

scone Scone (*Teegebäck*) 91

scramble verrühren 39

sea die See/ das Meer 34

seat Platz 11

seatbelt Sicherheitsgurt 12

second zweite/r/s 18

secretly (*Adv.*) im stillen 19

section Abteilung 10

security check Sicherheitskontrolle 20

see sehen 19

see you bis 65

see you on … day bis …tag 29

see you soon bis bald 49

selection Auswahl 63

seminar Seminar 18

send schicken 43

separate getrennt 64

serve servieren 39

shall sollen 81

shampoo Haarwaschmittel 40

sharp scharf/exakt/pünktlich 83

shaver Rasierapparat 40

shaver point Steckdose für den Rasierapparat

sheepish verhalten/schüchtern 41

sheet Laken 40

shellfish Schalentiere 60

shirt Hemd 88

shoe Schuh 88

shop window Schaufenster 33

shopping Einkaufen 83

shopping *in*: **go shopping** einkaufen gehen 33

shopping area Einkaufsgegend 27

short kurz 33

shoulder Schulter 31

show zeigen 19

show Veranstaltung 66

show someone to jemanden führen zu 37

show someone around jemanden herumführen/jemandem etwas zeigen 27

shower Dusche 34

shrimp Krabbe 59

shut schließen 44

side Seite 13

sift durch-/sieben 90

sightseeing tour Besichtigungstour 27

sign unterschreiben 37

sign Zeichen/Schild 21

signal ein Zeichen geben 63

signature Unterschrift 38

simple einfach 24

single room Einzelzimmer 35

single ticket einfache Fahrkarte 20

sir mein Herr (*im Dt. als Anrede aber nicht mehr üblich, daher unübersetzt*) 15

sit sitzen 23

sit down sich hinsetzen 89

size Größe 86

size *in*: **what size do you take** welche Größe haben Sie 89

size *in*: **queen size** Doppelbett, ca. 140 cm breit; **king size** Doppelbett, ca. 190 cm breit 40

slice (ab)schneiden 59

slice Scheibe 61

slightly leicht/ein wenig 81

slowly (*Adv.*) langsam 33

small klein/wenig/gering/bescheiden 41

smell duften/riechen 83

smile lächeln/Lächeln 23, 33

smitten verliebt/verknallt 19

smoke rauchen 10

smoked geräuchert 59

smoking area/section Raucherzone 10

smooth glatt 90

so sehr 12

soap Seife 40

soda Soda 90

way *in*: **make one's way to**
auf etwas zustreben/sich
den Weg bahnen zu **19**
wear tragen (*Kleidung*) **39**
week Woche **19**
weekend Wochenende **34**
weight Gewicht **78**
welcome willkommen **47**
welcome *in*: **you are (you're)**
welcome bitte/gern geschehen **14**
well done durchgebraten
59
well-known bekannt **27**
Welsh walisisch **63**
Welsh rarebit spezieller
Nachtisch (*gegrillte Käsemischung auf Toast*) **63**
what was **12**
what about …
wie wäre es mit …/was
hältst du von … **27, 85**
what time wann/um wieviel
Uhr **68**
when als **63**
where wo **10**
where … from woher **25**
where to wohin **33**
whether ob **67**
which der/die/das/welche/r/s
55
while Weile **55**
while *in*: **for a while** etwas/
für eine kurze Zeit **11**
whipped cream Schlagsahne
90
whisky Whisky **12**
white weiß **12**
who wer/wem/wen **21**
whole ganz **79**

why warum **27**
wife Ehefrau **16**
will werden/wollen **17**
wind schlängeln **33**
window Fenster **11**
wine Wein **12**
wine bar Weinbar **93**
wine list Weinkarte **55**
wish Wunsch **46**
with mit **10**
with *in*: **to be with someone**
bei jemandem sein **49**
withdraw (*Geld*) abheben **70**
without ohne **12**
woman (*Plural* **women**) Frau
88
wonder sich fragen/
sich wundern **29**
wonderful wunderbar **83**
word Wort **71**
work arbeiten **77**
work one's way over to sich
durcharbeiten zu **77**
worry sich Sorgen/Gedanken
machen **12**
would würde **12**
write schreiben **45**
writing desk Schreibtisch **40**

Y

yard Yard (*91,44 cm*) **78**
yellow gelb **83**
yes, please ja, bitte **14**
yes ja **14**
you du/Sie **10**
young jung **11**
your dein/e **12**
Yours sincerely Mit freundlichen Grüßen **36**

humboldt-Taschenbücher, Cassetten-Packages und CD-ROMs aus der Reihe Sprachen

Die mit * versehenen Sprachentitel gibt es auch als **Cassetten-Packages** (Buch **mit Übungscassette**).